LITTÉRATURE ET RÉVOLUTION FRANÇAISE

LITTÉRATURE ET RÉVOLUTION FRANÇAISE

Textsammlung für Französischkurse an der gymnasialen Oberstufe

Herausgegeben von
Dr. Hans-Jürgen Lüsebrink,
Professor für romanische Literaturwissenschaft
und Landeskunde an der Universität Passau
und
Dr. Barbara Rupp,
Studienrätin am Albert-Einstein-Gymnasium, Bochum

unter Mitwirkung von Wolfgang Bader

Herstellung: Regelindis Westphal

Umschlaggestaltung unter Verwendung
des Gemäldes von Eugene Delacroix:
«La Liberté guidant le peuple» (1830)

1. Auflage – 2. Druck 1989
Alle Drucke dieser Auflage können, weil untereinander unverändert,
im Unterricht nebeneinander verwendet werden.

Für Auswahl und Annotations:
© 1988 Cornelsen Verlag, Berlin

Das Werk und seine Teile sind urheberrechtlich geschützt.
Jede Verwertung in anderen als den gesetzlich zugelassenen Fällen
bedarf deshalb der vorherigen schriftlichen Einwilligung des Verlages.

Satz: Fotosatz Gleißberg & Wittstock, Berlin
Lithos: Reprowerkstatt Rink, Berlin
Druck: Fürst & Sohn, Berlin

ISBN 3-464-05813-1

Vertrieb: Cornelsen Verlagsgesellschaft, Bielefeld

Bestellnummer 58131

LITTÉRATURE ET RÉVOLUTION FRANÇAISE

Dossier édité par
Hans-Jürgen Lüsebrink
et
Barbara Rupp

Textquellen
1. Voltaire: L'Homme aux quarante écus (1768). In: Romans et Contes. Paris, Garnier-Flammarion, 1966, S. 387-448 / **2.** Denis Diderot: À Louis XVI (1780). In: Mélanges et morceaux divers. Contributions à l'Histoire des deux Indes. Siena, 1977 / **3.** Cahiers de Doléances de la paroisse de Perriers-sur-Andelle (1789). In: Pierre Goubert/Michel Denis (Hrsg.): Les Français ont la parole. Cahiers de Doléances des États généraux. Paris, Gallimard, 1964, (Coll. 'Archives', 1,) S. 109 / **4.** Emmanuel Sièyes:: Qu'est-ce que le Tiers État? (1789). Paris, PUF, 1982, S. 27/36 / **5.** Louis-Abel Beffroy de Reigny: Exécution de Foulon (1789). In: L'Histoire de France, pendant trois mois. Paris, 1789 / **6.** Déclaration des droits de l'Homme et du Citoyen (1789). In: Les Constitutions de la France depuis 1789. Paris, Garnier-Flammarion, 1970, S. 25-33 / **7.** Les Incendiaires du Dauphiné, ou les Ennemis des Grands (1789). Paris, Chez Lefèvre, 1789 / **8.** Ça ira (1790). In: Pierre Barbier/France Vernillat: Histoire de France par les chansons. Paris, 1957, S. 80-81 / **9.** Germaine de Staël: Paris pendant la Constituante (1818). In: Considérations sur les principaux événements de la Révolution Française. Paris, Tallandier, 1983, S. 228-229 / **10.** Maximilien Robespierre: Sur les principes du gouvernement révolutionnaire (1793). In: Textes choisis. Paris, Éditions Sociales, 1974, S. 99-101 / **11.** Lucien Bonaparte: Discours prononcé dans le Temple de Mars. Paris, Imprimerie de la République, 1800 / **12.** Charles Baudelaire: Sisina (1857). In: Les Fleurs du Mal. Paris, Le Livre de Poche, 1964, S. 74 / **13.** Victor Hugo: Quatre-Vingt-Treize (1874). Paris, Gallimard, 1979, S. 144-148 / **14.** Alexis de Tocqueville: L'Ancien Régime et la Révolution (1856). In: Œuvres complètes. Paris, 1891 / **15.** Ernest Renan: L'Avenir de la Science (1900). Paris, 1890 / **16.** Jean Jaurès: Histoire socialiste de la Révolution Française (1901-1904). Paris, Éditions Sociales, 1969, S. 61-68 / **17.** Romain Rolland: Le 14 Juillet (1902). In: Théâtre de la Révolution. Paris © Albin Michel, 1926, S. 115-118 / **18.** Anatole France: Les Dieux ont soif (1912). Paris, Le Livre de Poche, 1980. © Calmann-Lévy 1912, S. 133-136 / **19.** Elsa Triolet: Le premier accroc coûte deux cents francs (1945). Paris, © Denoël, 1945, Coll. Folio, S. 437 / **20.** Aimé Césaire: Toussaint Louverture. La Révolution Française et le problème colonial. Paris, © Présence Africaine, 1960, Livre Club Diderot, S. 139-140 / **21.** Alain Schifres: Allons z'enfants... In: Le Nouvel Observateur, n° 870, 11 juillet 1981 / **22.** Bernard Dadié: Un Nègre à Paris. Paris, © Présence Africaine, 1959, S. 27 / **23.** Maurice Agulhon: Oui, 1789 devrait faire l'unanimité des libéraux et des démocrates. In: L'Événement du Jeudi, n° 121, 26 février 1987

Bildquellen
S. 15: Melchior-Bonnet, Larousse, 1984 / S. 17: Archiv für Kunst und Geschichte, Berlin / S. 19: Cornelsen-Archiv / S. 24: Melchior-Bonnet, Larousse, 1984 / S. 32: Bibl. Nationale, Paris / S. 34: Archiv für Kunst und Geschichte, Berlin / S. 44. Melchior-Bonnet, Larousse, 1984 / S. 47: Archives de l'Isère

Sommaire

Introduction

La Révolution française – un événement majeur de l'histoire moderne — 6
«La Révolution française n'est pas un bloc» – l'histoire des causes et
des événements — 7
Les contradictions de la Révolution française — 8

I. Lumières et crise

1. Voltaire: L'Homme aux quarante écus (1768) — 12
2. Denis Diderot: Discours d'un philosophe à un roi (1780) — 13
3. Cahiers de doléances de la paroisse de Perriers-sur-Andelles (1789) — 15

II. Littérature et Révolution

4. Sieyès: Qu'est-ce que le Tiers État? (1789) — 16
5. Beffroy de Reigny: Exécution de Foulon (1789) — 18
6. Déclaration des Droits de l'Homme et du Citoyen (26 août 1789) — 20
7. Les Incendiaires du Dauphiné (1789) — 22
8. «Ça ira» (1790) — 24
9. Germaine de Staël: Considérations sur la Révolution française (1818) — 26
10. Maximilien Robespierre:
    Sur les principes du gouvernement révolutionnaire (1793) — 28
11. Lucien Bonaparte: Discours prononcé le 25 messidor an VIII,
    pour la Fête du 14 Juillet et de la Concorde (1800) — 30
12. Le soutien de la France (1800) — 32

III. La Révolution française aux XIXe et XXe siècles: Mise en récit littéraire et conceptualisation politique

13. Charles Baudelaire: Sisina (1857) — 33
14. Victor Hugo: Quatre-vingt-Treize (1874) — 35
15. Alexis de Tocqueville: L'Ancien Régime et la Révolution (1856) — 38
16. Ernest Renan: L'Avenir de la science (1890) — 39
17. Jean Jaurès: Histoire socialiste de la Révolution française (1901-1904) — 41
18. Romain Rolland: Le 14-Juillet (1902) — 44
19. Anatole France: Les dieux ont soif (1912) — 48

IV. Présence et actualité de la Révolution française

20. Elsa Triolet: Le premier accroc coûte deux cents francs (1945) — 50
21. Aimé Césaire: Toussaint Louverture (1960) — 51
22. Alain Schifres: «Allons z'enfants» (1981) — 53
23. Bernard Dadié: Un nègre à Paris (1959) — 56
24. Maurice Agulhon: Oui, 1789 devrait faire l'unanimité
    des libéraux et des démocrates (1987) — 57

Glossaire — 60
Notices biographiques supplémentaires — 62
Bibliographie sélective — 64

INTRODUCTION

La Révolution française – un événement majeur de l'histoire moderne

«La Révolution», écrit l'historien français Pierre Chaunu dans un livre récent intitulé LA FRANCE (1982), «demeure après deux siècles une référence privilégiée de notre passé.» Depuis les préparatifs du Bicentenaire, il est plus que jamais évident que cet événement majeur de l'histoire de France et de l'Europe continue à susciter de vives passions et controverses. Révolution démocratique et libératrice pour les uns, elle constitue une période particulièrement violente pour les autres – une «plage de sang» et une «tuerie», comme l'écrit P. Chaunu dans son livre déjà cité.

Les textes littéraires et journalistiques édités ci-après portent la trace de ces controverses. Ils reflètent en même temps la scission politique entre la Gauche et la Droite en France, scission née dans le sillage de la Révolution française et séparant une Gauche politique qui se réclame du Jacobinisme, de Robespierre, de Marat et de Danton, d'une Droite politique qui accepte l'héritage de la Déclaration des Droits de l'Homme de 1789 et du système parlementaire, mais reste somme toute globalement méfiante envers l'événement révolutionnaire en lui-même. Le dernier texte publié ci-après, l'interview de l'historien Maurice Agulhon, montre l'actualité de ces positions contradictoires dans la France des années 80. Une série d'articles parus en février 1987 dans le journal RÉVOLUTION, organe du Parti Communiste Français, met en lumière que toute prise de position sur la Révolution française continue à impliquer une prise de position politique dans la France d'aujourd'hui: suite à quatre articles d'historiens sur la Révolution ce journal publia en effet un sondage[1] sur la nécessité d'une Révolution, en 1789 et en 1987, qui donna les résultats suivants:

1 Pensez-vous que les révolutionnaires de 1789 ont eu raison ou pas de vouloir changer le système politique et social de la France?

Raison	73 %
Pas raison	5 %
Ne se prononcent pas	22 %
Total	100 %

2 À votre avis, la France aurait-elle ou non à nouveau besoin de changer de régime politique et social?

Elle en aurait besoin	56 %
Elle n'en aurait pas besoin	25 %
Ne se prononcent pas	19 %
Total	100 %

Annotations

7 **la référence** une autorité, un texte auquel on se rapporte   10 **majeur/e** le plus grand   12 **susciter** faire naître, être la cause de   22 **la scission** une division (dans une assemblée)   23 **dans le sillage** à la suite de

---

1 Cette enquête a été menée du 12 au 21 janvier 1987 auprès d'un échantillon représentatif des Français âgés de 18 ans et plus. Source: «Sondage IFOP/Révolution», dans: Révolution, n° 362, 6 au 12 février 1987, p. 19.

« La Révolution française n'est pas un bloc » – l'histoire des causes et des événements

Introduction aux *passions* que la Révolution française a soulevées de 1789 jusqu'à nos jours, ce dossier se veut également une introduction à son *histoire*: à ses origines, à ses événements, et à ses répercussions.

Les trois textes de Voltaire, de Diderot et des paysans de la paroisse de Perriers-sur-Andelle présentés dans la première partie de ce dossier évoquent quatre *causes* principales de la Révolution:
- la misère des paysans;
- l'accroissement des impôts;
- les dépenses excessives de l'État absolutiste; et
- l'influence croissante d'intellectuels comme Voltaire et Diderot sur l'opinion publique commençant à revendiquer une réforme radicale du régime politique, économique et social en place.

Aussi bien du côté des élites intellectuelles du Siècle des Lumières (représentées ici par des textes de Voltaire et de Diderot) qu'au sein des masses paysannes (dont on trouve un écho dans les CAHIERS DE DOLÉANCES) on observe ainsi, au cours du 18e siècle, une nette montée du mécontentement face à la situation du pays. Celle-ci fut considérablement aggravée en 1788/89 par une mauvaise récolte et un hiver rigoureux.

L'*histoire* de la Révolution française elle-même paraît d'abord ponctuée par de grands événements, les «Journées révolutionnaires», qui se retrouvent dans la plupart des textes de ce dossier. Ces événements ont à la fois absorbé l'attention des contemporains et fasciné la postérité: la Prise de la Bastille surtout, le 14 juillet 1789, où la foule parisienne conquit la prison royale, symbole du despotisme, et exécuta sur place son gouverneur, de Launay; la justice populaire exercée contre les fonctionnaires royaux Foulon et Berthier considérés comme responsables de la misère du peuple parisien qui les exécuta le 22 juillet 1789 dans un acte de vengeance violent; la chute de la Monarchie le 10 août 1789 et l'exécution du Roi Louis XVI, le 13 janvier 1793 et, enfin, la chute du jacobin Maximilien Robespierre, le 27 juillet 1794 qui ouvrit la voie à la phase modérée et bourgeoise de la Révolution («Le Directoire», 1794-99) et au régime de Napoléon Bonaparte (1799-1814).

À côté de ces événements violents et parfois sauvages se trouvent des événements plus calmes, mais tout aussi extraordinaires: par exemple la constitution des ÉTATS GÉNÉRAUX où la noblesse, le clergé et le Tiers État étaient contraints de siéger séparément, en une ASSEMBLÉE NATIONALE, le 17 juin 1789, événement capital préparé par le fameux pamphlet de l'abbé Sieyès QU'EST-CE QUE LE TIERS ÉTAT? (texte n° II.4). D'autres événements de la même taille furent l'abolition du système féodal dans la nuit du 4 août 1789 ainsi que la DÉCLARATION DES DROITS DE L'HOMME le 26 août 1789 (texte n° II.6) qui continue à être le fondement de tout gouvernement démocratique.

L'évocation de ces grands événements montre déjà que la Révolution française n'a pas été un «bloc» (comme le formula l'historien Aulard au début du siècle), mais qu'il y a eu au contraire trois Révolutions différentes et simultanées:

1. Une *Révolution parlementaire* débutant avec la convocation des États Généraux à Versailles le 5 mai 1789 qui se transformèrent en juin 1789 en Assemblée Nationale Constituante. Cette Révolution parlementaire aboutit à l'instauration de la première démocratie en France et, entre 1792 et 1799, à la création de la Première République Française;

2. une *Révolution de la ville*, celle du peuple de Paris et, dans une moindre mesure, d'autres villes de France, qui s'amorça avec l'exécution de Foulon, le 22 juillet 1789, et la Prise de la Bastille, le 14 juillet 1789. Cette Révolution de la Rue donna une dynamique violente à la Révolution française et influença également fortement l'évolution de la Révolution Parlementaire, notamment pendant les années 1792 à 1794;

3. la *Révolution des campagnes*, enfin, fit tomber le système féodal: son système

fiscal lourd et la position privilégiée du clergé et de la noblesse qui remontait au Haut Moyen Âge. Cette Révolution des campagnes fut aussi violente et incontrôlée que la Révolution de la ville faite par le peuple de Paris, mais se choisit d'autres cibles, comme le montre par exemple le texte LES INCENDIAIRES DU DAUPHINÉ publié ci-après (texte nº II.7): ce sont surtout les châteaux des seigneurs et les monastères du clergé qui furent pillés et souvent mis à feu («incendiés») par une foule poussée par le désir de vengeance.

La Révolution française est ainsi composée en définitive par trois Révolutions qui connurent une radicalisation croissante culminant en 1794, pendant la Dictature du Comité de Salut Public dirigé par le jacobin Maximilien Robespierre (voir textes nº II.10 et III.14). À cette phase ‹ascendante› de la Révolution correspond une phase ‹descendante›, celle du Directoire (1794-99), qui représente un régime républicain modéré. La prise de pouvoir de Napoléon Bonaparte en 1799 marque la fin de la période révolutionnaire proprement dite. Le consul Napoléon et son frère Lucien Bonaparte (texte nº II.11), Ministre de l'Intérieur, se réclamèrent de la Révolution et de ses acquis juridiques, mais ils abolirent la République, renforcèrent le pouvoir de la police, de la censure et de l'armée, et créèrent une nouvelle hiérarchie sociale dominée par la Noblesse de l'Empire et les militaires.

Annotations
8 **la répercussion** les suites, les conséquences d'une action   11 **la paroisse** *Gemeinde*   21 **revendiquer** réclamer   28 **au sein** au milieu   35 **rigoureux/-euse** d'une sévérité inflexible   37 **ponctué/e** marqué/e   42 **la postérité** les générations qui suivent   65 **contraindre** obliger – **siéger** tenir des séances, *tagen*   77 **l'évocation** (f) le rappel   82 **simultané/e** qui s'accomplit en même temps   84 **la convocation** demander à une assemblée de se réunir   89 **l'instauration** (f) l'établissement   96 **s'amorcer** commencer   106 **fiscal/e/aux** qui concerne les impôts   112 **la cible** *Zielscheibe*   117 **piller** s'emparer par la violence des biens d'une ville, d'une maison etc.   123 **culminer** atteindre son point le plus haut   126 **ascendant/e** le contraire de descendant   136 **un acquis** *Errungenschaft*   137 **abolir** supprimer

Les contradictions de la Révolution française

Le fait que la Révolution française déboucha sur le régime autoritaire de Napoléon Bonaparte oblige à la réflexion. Est-ce que la Révolution française a été inutile, a-t-elle été un grand échec puisqu'à son terme on retrouve un régime aussi autoritaire et aussi peu démocratique que l'Ancien Régime combattu violemment en 1789?
Oui, répondent certains écrivains du 19ᵉ siècle comme Alexis de Tocqueville (texte nº III.15) ou des historiens contemporains comme Pierre Chaunu qui voient dans les événements révolutionnaires et leurs suites militaires – les guerres – une immense perte d'hommes, de sang, d'énergies et d'argent. Ceux-ci auraient pu être utilisés, selon eux, à de meilleures fins, et surtout pour une amélioration non pas révolutionnaire mais graduelle de la situation économique et politique du pays.
Non, répondent des écrivains et des historiens tels Ernest Renan et Jean Jaurès, Romain Rolland et Maurice Agulhon (voir les textes nº III.16, 17, 18 et IV.24). La Révolution française aurait, selon eux, libéré une société totalement bloquée et opprimée, celle de l'Ancien Régime déchu en 1789. Elle aurait ouvert, à la France et aux sociétés européennes, la voie du progrès social et économique, comme le souligna en particulier E. Renan (texte nº III.16). Elle aurait, par là même, permis le triomphe définitif de la bourgeoisie libérale et préparé indirectement l'ascension du prolétariat. Et la Révolution fran-

çaise, symbolisée pour eux par la DÉCLARATION DES DROITS DE L'HOMME de 1789, aurait servi de modèle démocratique universel, de phare des libertés, pour l'ensemble des nations du globe.

Des œuvres d'écrivains du Tiers Monde comme Aimé Césaire originaire des Antilles françaises (voir texte n° IV.21) montrent enfin qu'il y a au moins deux contreparties négatives à ce missionarisme démocratique incarné par la Révolution et ses défenseurs inconditionnels: d'une part l'expansionnisme militaire de la première République prolongé par Napoléon Bonaparte qui se légitima essentiellement par sa mission émancipatrice, celle de vouloir libérer les peuples du joug des despotes de ce monde; et d'autre part l'expansionnisme colonial drapé depuis 1789 dans les idéaux attirants mais trompeurs de «Liberté», d'«Égalité» et de «Fraternité» sans pouvoir totalement cacher d'autres objectifs politiques et économiques.

Pour Baudelaire, dans son poème SISINA (texte n° III.13), les contradictions de la Révolution française qui paraît caractérisée plus que tout autre événement de l'histoire de France par des situations de violence et des réactions extrêmes, s'incarnent dans la figure d'une guerrière à l'«Âme charitable autant que meurtrière». Ancrée, comme les écrits littéraires et journalistiques édités ci-après le montrent, dans un contexte historique très précis, celui de la France du 18ᵉ siècle finissant, la Révolution française semble ainsi en même temps d'une surprenante actualité. Au 19ᵉ siècle comme aujourd'hui, elle sert en définitive d'arrière-fond historique – voire de ‹matériau historique› – pour discuter de la manière la plus concrète et la plus vivante possible des questions toujours actuelles et brûlantes comme celle de la légitimité du recours à la violence, du droit des peuples à l'insurrection (face à l'oppresseur), ou encore, problème crucial de l'évolution des sociétés modernes, du choix fondamental entre la voie des réformes et la voie du changement révolutionnaire.

Par le matériel de réflexion qu'elle offre et qu'elle donne à lire, la littérature sur la Révolution française incite ainsi à une prise de position personnelle qui touche, plus ou moins directement, des problèmes actuels. Est-ce qu'il peut y avoir un dénominateur commun entre ces prises de positions extrêmement divergentes que continue à susciter la Révolution française? Peut-être ce dénominateur commun consiste-t-il en ce consensus pour ainsi dire ‹minimal› que propose, dans les termes suivants, l'historien français M. Agulhon dans un article paru au printemps 1987 intitulé «Le grand débat sur la Révolution française»:

«Il faut célébrer 1789», écrit-il en conclusion de cet article, «et les Droits de l'Homme, dans l'esprit de diffusion de l'éthique civique et libérale qui fait l'objet d'un consensus de principe, mais de tant d'oublis dans la société civile, ainsi que dans les continents plus ou moins lointains.»

Annotations

5 **la réflexion** substantif du verbe réfléchir   7 **un échec** une défaite (contraire de succès)   20 **la fin** ici: le terme, le but   30 **opprimé/e** soumis par la violence – **déchu/e** qui a perdu sa force   37 **l'ascension** (f) l'action de s'élever   42 **le phare** *Leuchtturm*   47 **la contrepartie** ici: l'effet, la suite   49 **incarner** ici: représenter par   50 **inconditionnel/le** impératif, absolu   55 **le joug** *Joch*   57 **draper** ici: envelopper dans   71 **ancrer** ici: avoir des racines dans   79 **voire** et même   84 **le recours à la violence** *Gewaltanwendung*   86 **crucial/e/aux** fondamental/e   92 **inciter** pousser à   95 **le dénominateur** *Nenner*   100 **le consensus** en accord commun   108 **la diffusion** substantif du verbe diffuser (répandre)   109 **civique** qui concerne le citoyen

La Révolution française dans l'histoire de la France: périodisation

1589 – 1610: Règne de Henri IV	
1598 : L'Édit de Nantes (tolérance religieuse)	
1610 – 1643: Règne de Louis XIII	
1643 – 1715: Règne de Louis XIV, «Le Roi-Soleil»	**Ancien Régime**
1685 : Révocation de l'Édit de Nantes	
1715 – 1774: Règne de Louis XV	
1774 – 1789: Règne de Louis XVI	
1789 – 1792: Monarchie Constitutionnelle, sous le Roi Louis XVI	
1792 – 1795: République jacobine	**Révolution française**
1795 – 1799: République modérée: le Directoire	
1799 – 1804: Consulat. Napoléon Bonaparte Premier Consul	
1804 – 1814: Empire. Napoléon Bonaparte Empereur	
1814 – 1830: Monarchie des Bourbons (Rois Louis XVIII et Charles X)	
1830 – 1848: Monarchie de Juillet (Roi Louis Philippe)	
1848 – 1851: Seconde République	**Histoire**
1851 – 1871: Second Empire	**de la France**
1871 – 1940: Troisième République	**contemporaine**
1940 – 1944: Régime de Vichy sous la Présidence du maréchal Pétain	
1944 – 1958: Quatrième République	
1958 – : Cinquième République: e.a. Présidence de Charles de Gaulle (1958 – 1969) et de François Mitterrand (depuis 1981).	

LA RÉVOLUTION FRANÇAISE: CHRONOLOGIE DES ÉVÉNEMENTS

	La Révolution parlementaire	La Révolution de la ville	La Révolution des campagnes
printemps 1789	Élection des députés aux États Généraux		
5 mai 1789	Réunion des États Généraux à Versailles		
17 juin 1789	Constitution de l'Assemblée Nationale		
juillet 1789			Soulèvements paysans dans toute la France («La Grande Peur»). Destruction de nombreux châteaux
14 juillet 1789		Prise de la Bastille	
22 juillet 1789		Massacre de Foulon	
4-11 août 1789	Abolition des droits féodaux		
10 août 1789	Chute de la Monarchie		
décembre 1789 – janvier 1790			Révoltes paysannes dans l'ouest et le sud-ouest de la France
hiver 1791/92			Révoltes paysannes dans le sud et le centre de la France
mars – octobre 1792			Soulèvements de la Vendée contre le gouvernement républicain à Paris
9/10 août 1792 2-6 septembre 1792		Prise des Tuileries Massacres de Septembre dans les prisons de Paris (contre les «Aristocrates conploteurs»)	
21 janvier 1793	Exécution de Louis XVI		
4/5 septembre 1793		Soulèvement des Sansculottes parisiens	
septembre 1793 – juillet 1794	Gouvernement du Comité de Salut Public («Terreur»)		
27 juillet 1794	Chute du Gouvernement de Salut Public. Exécution de Robespierre		
22 août 1795	Constitution du Directoire		
10 mai 1796		Emprisonnement de Gracchus Babeuf et de ses amis accusés de «conspiration»	
1797/98			Mouvements anti-révolutionnaires et pro-monarchistes dans l'ouest de la France («Chouannerie»)
9/10 novembre 1799	Coup d'État de Napoléon Bonaparte		

I. LUMIÈRES ET CRISE

1. Voltaire: L'Homme aux Quarante Écus (1768)

Pour décrire, dans le cadre d'un conte philosophique, les problèmes économiques et financiers de la France du 18e siècle, Voltaire (1694-1778) inventa le personnage d'un Français moyen qui raconte ses fortunes et ses malheurs au fur et à mesure de ses rencontres: André, «l'homme aux quarante écus». Ce personnage, un pauvre paysan de province, tire son nom de son revenu annuel de 40 écus, soit 120 francs à l'époque, dont il doit verser la moitié comme impôt. Écrit en 1768, ce conte philosophique à fort contenu social connut dix éditions en un an. Il fut interdit d'abord par la censure française, le Parlement de Paris, et en 1771 par le Pape à Rome. Tableau de la misère paysanne, ce conte, dont on trouvera ci-après le début, constitue en même temps une réplique aux théories physiocratiques de l'époque. Voltaire visa en particulier le livre de Lemercier, L'ORDRE NATUREL ET ESSENTIEL DES SOCIÉTÉS POLITIQUES (1767) *qui enseignait que toute richesse procède de l'agriculture et que seule celle-ci devrait être frappée d'impôt.*

Un vieillard, qui *toujours plaint le présent et vante le passé*, me disait: «Mon ami, la France n'est pas aussi riche qu'elle l'a été sous Henri IV. Pourquoi? C'est que les terres ne sont pas si bien cultivées; c'est que les hommes manquent à la terre, et que le journalier ayant enchéri son travail, plusieurs colons laissent leurs héritages en friche.

– D'où vient cette disette de manœuvres?

– De ce que quiconque s'est senti un peu d'industrie a embrassé les métiers de brodeur, de ciseleur, d'horloger, d'ouvrier en soie, de procureur, ou de théologien. C'est que la Révocation de l'Édit de Nantes a laissé un très grand vide dans le royaume, que les religieuses et les mendiants se sont multipliés, et qu'enfin chacun a fui, autant qu'il a pu, le travail pénible de la culture, pour laquelle Dieu nous a fait naître, et que nous avons rendue ignominieuse, tant nous sommes sensés!

«Une autre cause de notre pauvreté est dans nos besoins nouveaux. Il faut payer à nos voisins quatre millions d'un article, et cinq ou six d'un autre, pour mettre dans notre nez une poudre puante venue de l'Amérique; le café, le thé, le chocolat, la cochenille, l'indigo, les épiceries, nous coûtent plus de soixante millions par an. Tout cela était inconnu du temps de Henri IV, aux épiceries près, dont la consommation était bien moins grande. Nous brûlons cent fois plus de bougies, et nous tirons plus de la moitié de notre cire de l'étranger, parce que nous négligeons les ruches. Nous voyons cent fois plus de diamants aux oreilles, au cou, aux mains de nos citoyennes de Paris et de nos grandes villes qu'il n'y en avait chez toutes les dames de la cour de Henri IV, en comptant la reine. Il a fallu payer presque toutes ces superfluités argent comptant.

«Observez surtout que nous payons plus de quinze millions de rentes sur l'Hôtel de Ville aux étrangers, et que Henri IV, à son avènement, en ayant trouvé pour deux millions en tout sur cet hôtel imaginaire, en remboursa sagement une partie pour délivrer l'État de ce fardeau.

«Considérez que nos guerres civiles avaient fait verser en France les trésors du Mexique, lorsque don PHELIPPO EL DISCRETO voulait acheter la France, et que depuis ce temps-là les guerres étrangères nous ont débarrassés de la moitié de notre argent.

«Voilà en partie les causes de notre pauvreté. Nous la cachons sous des lambris vernis, et par l'artifice des marchands de modes: nous sommes pauvres avec goût. Il y a des financiers, des entrepreneurs, des négociants très riches; leurs enfants, leurs gendres, sont très riches; en général la nation ne l'est pas.»

Le raisonnement de ce vieillard, bon ou mauvais, fit sur moi une impression profonde: car le curé de ma paroisse, qui a toujours eu de l'amitié pour moi, m'a enseigné un peu de géométrie et d'histoire, et je commence à réfléchir, ce qui est très rare dans ma province. Je ne sais s'il avait raison en tout; mais, étant fort pauvre, je n'eus pas grand peine à croire que j'avais beaucoup de compagnons.

Annotations

2 **l'écu** (m) une ancienne monnaie   35 **le journalier** un travailleur agricole qui est payé à la journée – **enchérir** rendre plus cher   36 **en friche** la terre qu'on ne cultive pas   38 **la disette** la famine, la misère   40 **quiconque** n'importe qui   42 **le brodeur** *Sticker* – **le ciseleur** *Ziselierer*   43 **le procureur** (hist) l'administrateur d'une maison religieuse (aujourd'hui: le procureur de la République *Staatsanwalt*)   44 **la Révocation de l'Édit de Nantes** (1685) l'abolition d'un acte de tolérance envers les protestants   51 **ignominieux/-euse** infâme   52 **sensé/e** raisonnable   57 **puant/e** qui sent mauvais   59 **la cochenille** un colorant rouge   65 **la cire** *Wachs*   67 **la ruche** *Bienenstock*   73 **la superfluité** une chose dont on n'a pas besoin pour vivre   75 **rentes** (f) loyers   77 **l'avènement** (m) l'accession au pouvoir   80 **le fardeau** la charge   83 **don Phelippo el discreto** Philippe II, roi d'Espagne (1527-1598)   89 **le lambris** un revêtement de menuiserie, de marbre, de stuc etc.   90 **verni/e** *lackiert*   92 **l'entrepreneur** (m) le chef d'une entreprise

Sujets d'études

I Compréhension
   1. Quelles sont, selon le vieillard, les causes de la pauvreté du peuple français?
   2. Expliquez la signification de la dernière phrase: «Je ne sais s'il avait raison en tout; mais, étant fort pauvre, je n'eus pas grand peine à croire que j'avais beaucoup de compagnons.»

II Analyse
   1. Le texte se présente sous une forme particulière: laquelle? Quel est son effet sur le narrateur et – par ailleurs – sur le lecteur?
   2. Les causes de la pauvreté telles que le vieillard les voit constituent en même temps une critique de la situation actuelle de sa patrie. Relevez les éléments de sa critique.

III Discussion
   Ce texte a été écrit 30 ans avant la grande Révolution. Porte-t-il, selon vous, déjà des indices et des signes qui annoncent la Révolution?

2. Denis Diderot: Discours d'un philosophe à un roi (1780)

*Le texte suivant fait partie de l'œuvre tardive de Denis Diderot (1713-84), restée en partie manuscrite ou publiée sous l'anonymat. L'adresse au Roi Louis XVI qui surprend par la témérité du ton et la hardiesse des critiques avancées, fut écrite par Diderot pour un des grands bestsellers des dernières décennies du 18ᵉ siècle, l'*Histoire philosophique et politique des deux Indes *éditée par l'abbé Guillaume-Thomas Raynal. Constituant en principe une monumentale histoire de la colonisation européenne depuis la découverte de l'Amérique par Christophe Colomb, l'ouvrage de Raynal offre en même temps une vaste réflexion sur les gouvernements du globe au sein de laquelle la France occupe une place centrale. Le texte publié ci-après se trouve inséré au second volume de l'ouvrage de Raynal (totalisant une dizaine de volumes dans l'édition de 1780) et constitue une digression à partir de la description de l'histoire des colonies européennes aux Indes Orientales. Il est certes à ranger parmi les textes politiquement les plus hardis et les plus radicaux de l'écrivain et philosophe Denis Diderot connu surtout par ses romans* Jacques le Fataliste *et* la Religieuse.

Sire, si vous voulez des prêtres, vous ne voulez point de philosophes et si vous voulez des philosophes, vous ne voulez point de prêtres; car les uns étant par état les amis de la raison, et les autres les fauteurs de l'ignorance, si les premiers font le bien, les seconds font le mal; et vous ne voulez pas en même temps le bien et le mal. Vous avez, me dites-vous, des philosophes et des prêtres: des philosophes qui sont pauvres et peu redoutables, des prêtres très riches et très dangereux. Vous ne vous souciez pas trop d'enrichir vos philosophes, parce que la richesse nuit à la philosophie, mais votre dessein serait de les garder; et vous désireriez fort d'appauvrir vos prêtres et de vous en débarrasser.

Et si vous daignez m'écouter, je serai de tous les philosophes le plus dangereux pour les prêtres, car le plus dangereux des philosophes pour les prêtres est celui qui met sous les yeux du monarque l'état des sommes immenses que ces orgueilleux et inutiles fainéants coûtent à ses états; celui qui lui dit, comme je vous le dis, que vous avez cinquante mille hommes à qui, vous et vos sujets, payez à peu près cent cinquante mille écus par jour pour brailler dans un édifice et nous assourdir de leurs cloches; qui lui dit que cent fois l'année, à une certaine heure marquée, ces hommes-là parlent à dix-huit millions de vos sujets rassemblés et disposés à croire et à faire tout ce qu'ils leur enjoindront de la part de Dieu; qui lui dit qu'un roi n'est rien, mais rien du tout, où quelqu'un peut commander dans son empire au nom d'un être reconnu pour le maître du roi; qui lui dit que ces créateurs de fêtes ferment les boutiques de sa nation tous les jours où ils ouvrent la leur, c'est-à-dire un tiers de l'année; qui lui dit que ce sont des couteaux à deux tranchants se déposant alternativement, selon leurs intérêts, ou entre les mains du peuple pour couper le roi, ou entre les mains du roi pour couper le peuple; qui dit au roi que, s'il savait s'y prendre, il lui serait plus facile de décrier tout son clergé qu'une manufacture de bons draps, parce que le drap est utile et qu'on se passe plus aisément de messes et de sermons que de souliers; qui ôte à ces saints personnages leur caractère prétendu sacré, comme je fais à présent, et qui vous apprend à les dévorer sans scrupule lorsque vous serez pressé par la faim; qui vous conseille, en attendant les grands coups, de vous jeter sur la multitude de ces riches bénéfices à mesure qu'ils viendront à vaquer, et de n'y nommer que ceux qui voudront bien les accepter pour le tiers de leur revenu, vous réservant, à vous et aux besoins urgents de votre état, les deux tiers pour cinq ans, pour dix ans, pour toujours, comme c'est votre usage; qui vous remontre que, si vous avez pu rendre sans conséquence fâcheuse vos magistrats amovibles, il y a bien moins d'inconvénients à rendre vos prêtres amovibles; qui vous montre que l'homme qui tient sa subsistance de vos bienfaits n'a plus de courage et n'ose rien de grand et hardi, témoins ceux qui composent vos académies et à qui la crainte de perdre leur place et leur pension en impose au point qu'on les ignorerait, sans les ouvrages qui les ont précédemment illustrés. Puisque vous avez le secret de faire taire le philosophe, que ne l'employez-vous pour imposer silence au prêtre? L'un est bien d'une autre importance que l'autre.

Annotations

33 **Sire** c'est ainsi que l'on s'adressait à un roi – **ne ... point** ne ... pas   37 **le fauteur** (litt) le responsable   43 **redoutable** (adj) dangereux/-se   46 **nuire** être mauvais pour   47 **le dessein** le projet   48 **fort** beaucoup   50 **daigner** (litt) avoir la bonté de   55 **orgueilleux/-se** arrogant/e   56 **le/la fainéant/e** le/la paresseux/-se   60 **brailler** crier   61 **assourdir** rendre sourd   66 **enjoindre** commander   74 **un couteau à deux tranchants** *ein zweischneidiges Messer*   80 **décrier** *verunglimpfen*   81 **le clergé** l'ensemble des prêtres   83 **aisément** facilement   84 **le sermon** *Predigt*   85 **prétendu/e** *angeblich*   87 **dévorer** manger   91 **les bénéfices** (m) les revenus d'un prêtre qui provenaient de sa fonction dans une paroisse (*Pfründe*)   92 **vaquer** devenir libre   98 **remontrer** montrer de nouveau   100 **amovible** (adj) ici: qu'on peut destituer de son poste   104 **hardi/e** courageux/-se   107 **en imposer** ici: impressionner   109 **illustrer** ici: rendre célèbre

Sujets d'étude

I Compréhension
1. En quoi consiste, selon Diderot, le mauvais état de la capitale de l'Empire de Louis XVI?
2. Quels conseils est-ce que l'auteur donne au roi pour changer la situation?
3. À quels sentiments est-ce que Diderot fait appel dans son discours?

II Analyse
1. Relevez les traits significatifs de ce discours au roi et définissez ses fonctions par rapport à l'intention de l'auteur.
2. De quelle manière Diderot s'adresse-t-il au roi et dans quel but?
3. Quelles sont les intentions de Diderot et comment cherche-t-il à les réaliser?

III Discussion
1. Imaginez une réponse de Louis XVI à l'adresse de Diderot.
2. Menez une discussion entre Diderot, Louis XVI et ses courtisans.

3. Cahiers de doléances de la paroisse de Perriers-sur-Andelles (1789)

La convocation des États Généraux du Royaume de France effectuée par Louis le 24 janvier 1789 pour le 5 mai de la même année, fut accompagnée d'un immense «sondage d'opinion» officiel: tous les habitants furent appelés à déposer par écrit leurs opinions sur l'état du Royaume et les réformes à adopter dans des CAHIERS DE DOLÉANCES *qui furent remis à leurs députés. Le texte suivant donne un extrait du* CAHIER DE DOLÉANCES *du Tiers État du village de Perriers-sur-Andelles, près de la ville de Rouen en Normandie.*

Cette année, la récolte a été un peu médiocre, il y a un cinquième de moins que la récolte ordinaire, ce qui fait que le blé a un prix excessif. Plus de la moitié de cette paroisse n'est plus en état de supporter aucun impôt, puisqu'ils ne peuvent pas avoir le pain qui leur est nécessaire. Grand'nombre sont réduits à l'aumône, et ce qui est aussi la cause de leur misère, c'est que la plupart des contribuables ne subsistaient que par la filature des cotons qui aujourd'hui ne procure aucun profit. Ce commerce est bas depuis que l'on a établi des mécaniques et que les étrangers apportent leurs mousselines fabriquées… la moitié de cette province ne pourra plus subsister ni par conséquent payer aucun impôt si le commerce ne reprend vigueur. Il faudrait qu'il y eût nécessairement une proportion entre la valeur du pain et le profit que l'on peut faire sur la filature du coton. MM. les députés sont priés de faire de vives remontrances, soit pour faire défendre les mécaniques, soit pour procurer du travail à ceux qui ne peuvent plus gagner leur vie à cause du bas prix du coton filé et de la cherté de la vie.

Annotations

2 **la paroisse** *(Kirchen-)Gemeinde*   18 **médiocre** (adj) insuffisant/e   20 **excessif/-ive** exagéré/e   24 **l'aumône** (f) ce qu'on donne aux pauvres par charité   26 **le/la contribuable** la personne qui doit payer des impôts   27 **la filature** *Spinnerei* – **le coton** *Baumwolle*   34 **la vigueur** la force   39 **la remontrance** le reproche

Sujets d'étude

I   COMPRÉHENSION
1. Quelles sont les causes de la misère de la paroisse de Perriers-sur-Andelles?
2. Quelles mesures l'auteur de ce texte propose-t-il de prendre pour améliorer les conditions de vie?

II   ANALYSE
1. Dans quel but ce texte fut-il écrit?
2. De quel genre de texte s'agit-il?

III   DISCUSSION
Quel est selon vous le rôle que joue l'économie à la veille de la Grande Révolution?

«Le Tiers État»

QUESTION
Les trois textes du premier chapitre (Voltaire, Diderot et le CAHIER DE DOLÉANCES) donnent chacun une explication particulière de la situation de la France avant la Révolution. Quels traits cette gravure ajoute-t-elle au tableau de la misère dessiné par les trois textes que vous avez lus?

II. LITTÉRATURE ET RÉVOLUTION

4.   Sieyès:
Qu'est-ce que le Tiers État? (1789)

Le pamphlet de l'abbé Emmanuel Joseph Sieyès (1748-1836), élu député du clergé aux États Généraux en 1789, peut être considéré comme la charte politique du Tiers État, c'est-à-dire de l'ensemble de la population française, à l'exception de la Noblesse et du Clergé. Paru en janvier 1789, en pleine préparation des élections pour l'Assemblée des États Généraux convoqués par le Roi pour résoudre la crise du Royaume, le pamphlet de Sieyès eut un immense retentissement. Il anticipa, dans ses revendications, la «Révolution parlementaire» du printemps et de l'été 1789 qui transforma l'Assemblée des États Généraux, marquée par l'esprit d'une société strictement séparée en ordres (Noblesse, Clergé, Tiers État), en la première Assemblée Nationale du continent européen. Suite au pamphlet de Sieyès dont on trouvera ci-après les premiers paragraphes, les députés des États Généraux décidèrent, en effet, le 17 juin 1789 à grande majorité de se constituer en Assemblée Nationale, de siéger en commun, et de voter non pas par ordres, mais par «têtes». «Une révolution», écrit l'historien français Jean Tulard dans sa préface à une réédition du pamphlet de Sieyès, «ne naît jamais spontanément d'un excès de misère ou d'une grande injustice. Ce n'est dans ce cas qu'une émeute plus ou moins facilement réprimée. Pour qu'il y ait révolution, il faut qu'il y ait une prise de conscience, un effort intellectuel dont les plus dépourvus sont incapables. Une révolution politique et économique c'est d'abord une révolution intellectuelle, qui est le fait des clercs, des plus instruits. À cet égard Sieyès peut être considéré comme l'un des Pères de la Révolution de 1789 (. . .). Sieyès sut en trois formules admirables résumer les aspirations du Tiers État. Il sut traduire en termes simples le sentiment de force de ce même Tiers fondé sur la supériorité numérique.»

Le plan de cet écrit est assez simple. Nous avons trois questions à nous faire:
1° Qu'est-ce que le Tiers État? Tout.
2° Qu'a-t-il été jusqu'à présent dans l'ordre politique? Rien.
3° Que demande-t-il? À y devenir quelque chose.

On verra si les réponses sont justes. Nous examinerons ensuite les moyens que l'on a essayés, et ceux que l'on doit prendre, afin que le Tiers État devienne, en effet, quelque chose. Ainsi nous dirons:
4° Ce que les ministres ont tenté, et ce que les privilégiés eux-mêmes proposent en sa faveur.
5° Ce qu'on aurait dû faire.
6° Enfin, ce qui reste à faire au tiers pour prendre la place qui lui est due (. . .).

Qu'on lise l'histoire avec l'intention d'examiner si les faits sont conformes ou contraires à cette assertion, et l'on s'assurera, j'en ai fait l'expérience, que c'est une grande erreur de croire que la France soit soumise à un régime monarchique. Otez de nos annales quelques années de Louis XI, de Richelieu, et quelques moments de Louis XIV, où l'on ne voit que despotisme tout pur, vous croirez lire l'histoire d'une aristocratie aulique. C'est la cour qui a régné et non le monarque. C'est la cour qui fait et défait, qui appelle et renvoie les ministres, qui crée et distribue les places, etc. Et qu'est-ce que la cour, sinon la tête de cette immense aristocratie qui couvre toutes les parties de la France, qui, par ses membres, atteint à tout et exerce partout ce qu'il y a d'essentiel dans toutes les parties de la chose publique? Aussi le peuple s'est-il accoutumé à séparer dans ses murmures le monarque des moteurs du pouvoir. Il a toujours regardé le roi comme un homme si sûrement trompé et tellement sans défense au milieu d'une cour active et toute-puissante, qu'il n'a jamais pensé à s'en prendre à lui de tout le mal qui s'est fait sous son nom.

Résumons: le Tiers État n'a pas eu jusqu'à présent de vrais représentants aux États Généraux. Ainsi ses droits politiques sont nuls.

Annotations

69 **l'assertion** (f) l'affirmation (f)   74 **Louis XI** (1423-1483), roi de France – **Richelieu**, Cardinal de (1585-1642), homme d'État français, chef du Conseil du Roi à partir de 1624   75 **Louis XIV** (1638-1715), roi de France   77 **aulique** *zum Hofstaat gehörig*   86 **la chose publique** ici: l'État   87 **s'accoutumer** à prendre l'habitude de   93 **s'en prendre à** reprocher qc à qn

Sujets d'étude

I COMPRÉHENSION
1. Que dit Sieyès sur le Tiers État? Quelle est sa position dans la société française à la veille de la Révolution?
2. Selon Sieyès, la France n'est pas une monarchie. Quels sont ses arguments?

II ANALYSE
1. Décrivez l'attitude de Sieyès envers la situation en France au début de la Grande Révolution.
2. Comment est-ce que Sieyès réalise l'intention du «plan (…) assez simple» de son écrit?

III DISCUSSION
1. Pour quelles raisons est-ce que Sieyès fait une digression historique dans son texte?
2. Sieyès se contente-t-il de donner une réponse à sa question initiale ou bien a-t-il d'autres buts?

«Scéance d'ouverture des États Généraux» Tableau d'Auguste Couder (1790–1873)

QUESTION
À quel aspect de la Grande Révolution la représentation de la «Séance d'ouverture des États Généraux» renvoie -t-elle?

5. Beffroy de Reigny: Exécution de Foulon (1789)

*L'épisode suivant est tiré de l'*Histoire de France, pendant trois mois *du journaliste et écrivain Louis-Abel Beffroy de Reigny parue en octobre 1789 et qui décrit les principaux événements du début de l'époque révolutionnaire. Le massacre de Joseph François Foulon (1717-1789), haut fonctionnaire de l'État, le 22 juillet 1789, témoigne de la «Révolution de la ville», parallèle à la Révolution parlementaire, et caractérisée par une justice populaire violente. Aristocrate, immensément riche, mais en même temps avare, et considéré comme responsable de la rareté du pain et de la famine du petit peuple de Paris, Foulon fut une des premières victimes de la violence révolutionnaire.*

Parmi les gens suspects, que le Peuple de Paris demandait à grands cris, deux surtout étaient l'objet de la haine publique; M. Foulon, Conseiller d'État, et M. Berthier de Sauvigny, son gendre, Intendant de Paris. Le premier, violemment soupçonné d'accaparer les grains, et désigné pour remplir le Ministère de la Guerre en sous-ordre, était depuis vingt ans l'homme de France le plus exécré du Peuple. À chaque changement de Ministère, on craignait toujours de le voir en place; et son nom était un épouvantail qu'on mettait en avant, comme quand les mères et les bonnes content à leurs enfants des histoires de loups-garoux. On lui attribuait un propos digne de Néron; il avait dit, assurait-on, que, si «jamais il était Ministre, il voulait faire manger du foin au Français». Depuis ce temps, il était devenu, pour ainsi dire, la «bête noire» de tous les honnêtes gens.

N'ignorant pas à quel point on le détestait à Paris, il s'était réfugié dans sa terre de Viry, où ses Paysans, qui ne l'aimaient pas plus que les Parisiens, l'avaient saisi, avaient donné avis de leur capture, et demandé une escorte pour l'amener dans la Capitale. Il fut conduit à l'Hôtel-de-Ville, où on l'interrogea; il y resta une partie de la matinée et de l'après-midi du mercredi 22 juillet.

Une foule immense attendait sur la place de Grève qu'il fût convaincu et puni. Comme il tardait à sortir de la salle, on alla le chercher et le Peuple s'en empara. On le traîna ignominieusement jusqu'à la fatale lanterne, suspendue à une potence de fer au coin de la maison d'un Épicier, où l'on avait déjà fait plusieurs exécutions. Déjà la corde attachée à cette potence était disposée à le saisir; le Peuple le fit mettre à genoux et demander pardon à Dieu, au Roi et à la Nation. On l'accabla d'injures et d'humiliations. Un homme du Peuple lui donna sa main à baiser. Ce malheureux ne se refusait à rien de ce qu'on lui faisait faire et suppliait ses ennemis de le renfermer et de lui laisser la vie. Mais on lui passa la corde autour du cou, et on le guida au haut de la lanterne; la corde cassa; il tomba sur ses genoux; et il implorait toute la pitié du Peuple, quoiqu'à demi mort, par les contusions qu'il avait à la tête et par tout le corps; on le monta de nouveau à la potence, où il expira; aussitôt on lui trancha la tête, qu'on promena partout au haut d'une pique tandis qu'une foule de gens effrénés traînait dans la fange des ruisseaux son cadavre nu et mutilé.

Telle fut la fin d'un Conseiller d'État, homme d'esprit, que son caractère dur et ses grandes richesses avaient rendu l'exécration du Peuple, sans qu'on pût spécifier légalement contre lui un chef d'accusation fondé. On avait mis à la bouche de cet infortuné un bâillon fait d'une poignée de foin, pour le punir de ses intentions et du propos qu'on lui attribuait; et sa tête défigurée offrait avec cet accessoire un spectacle qu'on ne pouvait envisager sans frémir.

Annotations

20 **suspect/e** *verdächtig*   23 **le conseiller d'État** *Staatsrat* – **Berthier de Sauvigny** le gendre de Foulon   24 **l'intendant** (m) **de Paris** un fonctionnaire du roi, délégué pour imposer aux villes, villages et au peuple les lois monarchiques, il s'occupe en même temps du maintien de l'ordre public   26 **accaparer** acheter ou retenir des produits afin d'en faire monter le prix   27 **en sous-ordre** au second rang   29 **exécrer** détester violemment   32 **l'épouvantail** (m) *Schreckgespenst*   35 **le loup-garou** *Werwolf*   36 **attribuer** accorder – **le propos** un discours – **Néron** un empereur romain (54-68 apr. J.-C.) connu pour sa cruauté   39 **le foin** une herbe séchée   44 **Viry** un lieu dans la banlieue parisienne   46 **donner avis** prononcer   48 **l'Hôtel-de-Ville** (m) *Rathaus*   52 **la place de Grève** la place devant l'Hôtel de Ville où eurent lieu les exécutions capitales   53 **convaincre** *überführen*   56 **ignominieux/-ieuse** *schmachvoll*   57 **la potence** un instrument de supplice où l'on pendait les personnes condamnées à mort   64 **accabler** *überhäufen*   72 **implorer** demander humblement   73 **la contusion** une blessure *(Quetschung)*   76 **expirer** (litt) mourir   78 **la pique** une arme avec une pointe de fer – **effréné/e** qui est sans frein   79 **la fange** la boue – **le ruisseau** un petit fleuve   84 **l'exécration** (f) un sentiment d'horreur extrême (voir le verbe **exécrer**)   85 **le chef d'accusation** la raison pour laquelle une personne est accusée *(Anklagepunkt)*   87 **le bâillon** un tampon d'étoffe mis dans la bouche d'une personne pour l'empêcher de crier

Sujets d'étude

I   COMPRÉHENSION
  1. Quelles informations Beffroy de Reigny donne-t-il sur Foulon et Berthier de Sauvigny?
  2. Quels sont, à son avis, les motifs qui poussent le peuple à la haine?
  3. Comment le peuple se comporte-t-il envers les gens suspects?

II ANALYSE
  1. Est-ce que Beffroy partage les sentiments du peuple?
  2. Quel est le type de «juridiction» qui mène à la condamnation de Foulon?

III DISCUSSION
  1. Pouvez-vous justifier le comportement du Peuple de Paris?
  2. Est-ce que vous pourriez imaginer un autre comportement du peuple français? Quelles devraient être les circonstances favorisant un comportement plus humain?

«Supplice de Foulon»

QUESTION
L'exécution de Foulon est représentée pour ainsi dire «de loin», à distance. Quelle est l'impression qui en résulte pour le spectateur?

6. Déclaration des Droits de l'Homme et du Citoyen (26 août 1789)

Discutée et votée par les membres de l'Assemblée Nationale Constituante entre le 17 et le 26 août 1789, la Déclaration des Droits de l'Homme et du Citoyen est, selon l'expression de l'historien Jean-Paul Bertaud, «l'acte de décès de l'Ancien Régime»: «Article par article, elle condamne les abus, dans un style souvent négatif.» Fondée sur la Théorie du Droit Naturel élaborée par les philosophes et les écrivains du Siècle des Lumières (Rousseau, Voltaire, Locke) et figurant comme préambule dans la première Constitution française de 1791, la Déclaration des Droits de l'Homme constitue depuis 1789 le fondement même de tout régime démocratique.

Les représentants du peuple français, constitués en Assemblée nationale, considérant que l'ignorance, l'oubli ou le mépris des droits de l'homme sont les seules causes du malheur public et de la corruption des gouvernements, ont résolu d'exposer, dans une déclaration solennelle, les droits naturels, inaliénables et sacrés de l'homme, afin que cette déclaration, constamment présente à tous les membres du corps social, leur rappelle sans cesse leurs droits et leurs devoirs; afin que les actes du pouvoir législatif et ceux du pouvoir exécutif, pouvant être à chaque instant comparés avec le but de toute institution politique, en soient plus respectés; afin que les réclamations des citoyens, fondées désormais sur des principes simples et incontestables, tournent toujours au maintien de la Constitution et au bonheur de tous. – En conséquence, l'Assemblée nationale reconnaît et déclare, en présence et sous les auspices de l'Être suprême, les droits suivants de l'Homme et du Citoyen.

ARTICLE PREMIER. – Les hommes naissent et demeurent libres et égaux en droits. Les distinctions sociales ne peuvent être fondées que sur l'utilité commune.

ART. 2. – Le but de toute association politique est la conservation des droits naturels et imprescriptibles de l'homme. Ces droits sont la liberté, la propriété, la sûreté et la résistance à l'oppression.

ART. 3. – Le principe de toute souveraineté réside essentiellement dans la Nation. Nul corps, nul individu ne peut exercer d'autorité qui n'en émane expressément.

ART. 4. – La liberté consiste à pouvoir faire tout ce qui ne nuit pas à autrui: ainsi, l'exercice des droits naturels de chaque homme n'a de bornes que celles qui assurent aux autres membres de la société la jouissance de ces mêmes droits. Ces bornes ne peuvent être déterminées que par la loi.

ART. 5. – La loi n'a le droit de défendre que les actions nuisibles à la société. Tout ce qui n'est pas défendu par la loi ne peut être empêché, et nul ne peut être contraint à faire ce qu'elle n'ordonne pas.

ART. 6. – La loi est l'expression de la volonté générale. Tous les citoyens ont droit de concourir personnellement, ou par leurs représentants à sa formation. Elle doit être la même pour tous, soit qu'elle protège, soit qu'elle punisse. Tous les citoyens, étant égaux à ses yeux, sont également admissibles à toutes dignités, places et emplois publics, selon leur capacité et sans autre distinction que celle de leurs vertus et de leurs talents.

ART. 7. – Nul homme ne peut être accusé, arrêté ni détenu que dans les cas déterminés par la loi et selon les formes qu'elle a prescrites. Ceux qui sollicitent, expédient, exécutent ou font exécuter des ordres arbitraires doivent être punis; mais tout citoyen appelé ou saisi en vertu de la loi doit obéir à l'instant: il se rend coupable par la résistance.

ART. 8. – La loi ne doit établir que des peines strictement et évidemment nécessaires, et nul ne peut être puni qu'en vertu d'une loi établie et promulguée antérieurement au délit, et légalement appliquée.

ART. 9. – Tout homme étant présumé innocent jusqu'à ce qu'il ait été déclaré coupable, s'il est jugé indispensable de l'arrêter, toute rigueur qui ne serait pas nécessaire pour s'assurer de sa personne doit être sévèrement réprimée par la loi.

Art. 10. – Nul ne doit être inquiété pour ses opinions, même religieuses, pourvu que leur manifestation ne trouble pas l'ordre public établi par la loi.

Art. 11. – La libre communication des pensées et des opinions est un des droits les plus précieux de l'homme; tout citoyen peut donc parler, écrire, imprimer librement, sauf à répondre de l'abus de cette liberté dans les cas déterminés par la loi.

Art. 12. – La garantie des droits de l'homme et du citoyen nécessite une force publique; cette force est donc instituée pour l'avantage de tous, et non pour l'utilité particulière de ceux à qui elle est confiée.

Art. 13. – Pour l'entretien de la force publique, et pour les dépenses d'administration, une contribution commune est indispensable; elle doit être également répartie entre tous les citoyens, en raison de leurs facultés.

Art. 14. – Les citoyens ont le droit de constater, par eux-mêmes ou par leurs représentants, la nécessité de la contribution publique, de la consentir librement, d'en suivre l'emploi, et d'en déterminer la quotité, l'assiette, le recouvrement et la durée.

Art. 15. – La société a le droit de demander compte à tout agent public de son administration.

Art. 16. – Toute société dans laquelle la garantie des droits n'est pas assurée, ni la séparation des pouvoirs déterminée, n'a point de constitution.

Art. 17. – La propriété étant un droit inviolable et sacré, nul ne peut en être privé, si ce n'est lorsque la nécessité publique, légalement constatée, l'exige évidemment, et sous la condition d'une juste et préalable indemnité.

Annotations

27 **solennel/le** pompeux/-euse   28 **inaliénable** (adj) qu'on ne peut enlever   31 **le corps social** la société   39 **incontestable** (adj) qu'on ne peut contredire – **tourner** ici: être orienté vers   40 **au maintien de** à la conservation de   43 **sous les auspices** (m) **de** sous la protection de   44 **l'Être Suprême** (m) Dieu   52 **imprescriptible** (adj) inaliénable   54 **l'oppression** (f) la tyrannie   57 **le corps** ici: un ensemble de personnes   58 **émaner** dériver de, venir de   74 **concourir** ici: participer   86 **solliciter** demander – **expédier** ici: régler, gérer   88 **arbitraire** (adj) injuste, qui n'est pas dicté par la loi   95 **promulguer** publier officiellement   96 **le délit** une action qui est contre la loi   103 **inquiéter** troubler *(belästigen)*   111 **l'abus** (m) *Mißbrauch*   121 **la contribution** la participation   122 **répartir** partager   124 **la faculté** la capacité   129 **la quotité** la part de chacun   130 **l'assiette** (f) (de l'impôt) *Steuerveranlagung* – **le recouvrement** *Steuererhebung*   131 **demander compte à qn** demander une justification, une explication   138 **inviolable** (adj) sacré, auquel on n'a pas le droit de toucher   143 **l'indemnité** (f) *Entschädigung*

Sujets d'étude

I Compréhension
 1. Quels sont les motifs pour la rédaction de la Déclaration des Droits de l'Homme?
 2. Résumez parmi les 17 articles les droits et les devoirs des «membres du corps social».

II Analyse
 1. Est-ce qu'il s'agit dans la suite des articles d'une simple énumération sans aucun ordre ou est-ce qu'on peut y discerner une structure délibérée?
 2. Quel gouvernement corrompu l'Assemblée nationale vise-t-elle? Sous quelles formes se présentait la corruption à laquelle la Déclaration voulait répondre?

III Discussion
 Quel est selon vous le mérite de cette Déclaration des Droits de l'Homme et du Citoyen?

7. Les Incendiaires du Dauphiné
(1789)

Paru sans nom d'auteur à Paris, le 8 août 1789, et portant le titre complet «Les Incendiaires du Dauphiné, ou les Ennemis des grands», ce pamphlet concerne les événements de la révolution paysanne de l'été 1789. Tout en se choisissant d'autres cibles – les châteaux des aristocrates pillés et souvent mis à feu –, le mouvement révolutionnaire des «brigands» paysans semble animé du même désir de vengeance qui poussa la foule parisienne à massacrer en juillet 1789 le fonctionnaire Foulon. Elle conduisit en même temps les députés de l'Assemblée nationale à abolir, le 4 août 1789, les droits seigneuriaux et de par là le régime féodal instauré depuis le Moyen Âge.

Il n'est pas étonnant, dans les crises politiques, de voir des hommes entraînés par leurs passions, se nuire mutuellement et être victimes de leurs propres dissensions; mais ce qui doit surprendre, c'est cette quantité de brigands répandus dans le royaume, et qui exercent leurs ravages, sans profit pour eux; c'est cette quantité de donneurs de faux avis qui répandent l'alarme, et jettent le peuple dans la consternation, en annonçant des maux supposés, ou les causant réellement dans une étendue de pays considérable. Voici les faits tels qu'ils se sont passés et que les décrivent les gens dignes de foi.

Le vingt-six juillet, on vit un mouvement considérable dans la ville de Mont-Luel, située en Bresse. Il était occasionné par le récit de trois paysans qui avaient vu, à une demi-lieue, environ cinquante hommes bien armés, et qui faisaient halte au coin d'un bois, où ils faisaient cuire, sur des feux qu'ils avaient allumés, des tranches de cochon. On crut qu'ils en voulaient à la ville. Les habitants de Mont-Luel se préparaient à se défendre; mais comme il arrive dans ces sortes d'occasions, chacun proposait un avis, et l'on perdait un temps précieux en discours inutiles.

Cependant, ceux qui étaient au télescope, comme un pilote est au gouvernail, firent savoir que les brigands rentraient dans la forêt. Il était venu un homme à cheval, le chef sans doute, puisque, à son arrivée, tout le monde l'avait suivi, et s'était jeté dans le bois avec assez de précipitation. Il était environ cinq heures du soir, lorsque tout cela se passait. À huit heures, on les vit s'avancer vers Mont-Luel; celui qui était à cheval devança la troupe d'environ cent pas; il aperçut, sans doute, que la porte était fermée, il s'en retourna au grand galop, et sa troupe fit la même chose. Elle se porta vers un château, éloigné environ d'une lieue et demie de Mont-Luel. On a su qu'ils s'étaient informés d'une femme qui ramassait de l'herbe pour ses vaches, si les maîtres de ce château l'habitaient; qu'ayant appris qu'il n'y avait que le concierge et sa famille, ils lui avaient fait dire de se retirer avec ses effets et ses enfants.

Alors, ils brisèrent les portes, réunirent tous les papiers dans une salle à manger, prirent du vin, des flambeaux de cuivre, des draps, sept fusils, des pistolets, et mirent le feu à la maison. À la vue des flammes on sonna le tocsin dans toutes les paroisses. La troupe des incendiaires ayant considéré l'effet et les progrès du feu, dirigèrent leurs pas vers un autre château. En passant dans les villages, ils disaient aux habitants qu'ils fussent tranquilles, qu'ils n'en voulaient qu'à leurs ennemis, mais qu'ils ne laisseraient pas un seul château sur ses fondements, qu'ils avaient juré d'exterminer les nobles, tyrans du peuple. Ils en brûlèrent successivement sept dans l'espace de vingt-quatre heures, sans trouver la moindre résistance. Cependant, ayant aperçu un corps d'environ quinze hommes armés qui venaient sur eux, ils coururent de toutes leurs forces pour le joindre; mais ceux-ci se voyant infiniment moins nombreux, prirent la suite, et entrèrent dans un assez gros village du Dauphiné.

La frayeur grossissant les objets, on avait répandu qu'ils étaient douze cents hommes armés. À cette nouvelle, les châteaux furent bientôt déserts; l'on se contenta d'emporter l'argenterie et les effets les plus précieux, et l'on abandonna les meubles, les archives et les provisions à la proie des flammes ou au pillage. Douze châteaux, petits ou grands, ont été ainsi détruits. Un des plus considérables est celui de M. le baron d'Anton.

On demandera sans doute comment les habitants du lieu ne se sont pas réunis pour s'opposer à ce ravage. En voici la raison: On voyait une armée dans ces cinquante brigands, ils ne faisaient aucun mal aux villages, ils ne tuaient personne, ils avaient l'air de venger le peuple opprimé. La plupart des propriétaires menacés d'être brûlés depuis longtemps, effrayés de la calamité publique, s'étaient retirés dans les villes, ou avaient pris le funeste parti de voyager dans l'étranger. L'humanité conserve encore quelques droits dans les cœurs les plus féroces. Le château de Mezin a été sauvé, parce que les brigands ont trouvé dedans une femme au lit, très malade, et trois de ses enfants qui avaient la petite vérole; ils se sont contentés de brûler les papiers dans la cour, et l'on a respecté cette mère effrayée qui, peut-être, n'aura pas survécu à la crainte de voir périr sa malheureuse famille.

On se demande encore: Le peuple se porte-t-il de lui-même à cette vengeance? Est-il soudoyé, ou enflammé par des partis séditieux qui ont de plus grands projets?

Il me semble qu'il ne faut pas chercher des causes si éloignées. Les grands, les riches, les seigneurs des provinces ont si cruellement et si longtemps écrasé le peuple, qu'il y a une ancienne haine presque ineffaçable. Elle a couvé longtemps, mais c'est en fermentant sans oser ou plutôt sans pouvoir faire l'explosion. Pliés sous tant d'espèces de jougs, il a fallu s'arracher sa subsistance pour la fondre en argent, et la porter en redevance aux seigneurs tyranniques, tantôt c'étaient des corvées, tantôt c'étaient des procès injustes, tantôt des violences. La vengeance s'amasse pendant un siècle dans les cœurs ulcérés, et, du moment qu'elle peut agir, c'est un torrent qui ne connaît plus de frein.

Ceux qui ont incendié les douze châteaux se sont dispersés, mais, véritablement, ont été faire quelque expédition dans une autre partie de la province. Comme toutes les villes forment leur milice, on sentira la nécessité de mettre les forces en commun, pour se garder mutuellement. Les nouvelles de cette province racontent l'événement avec des détails beaucoup plus sinistres; nous nous sommes renfermés dans les bornes de la vérité; elle est assez alarmante sans chercher encore à troubler les esprits qui ne se calmeront qu'à la vue de la constitution.

Annotations

1 **l'incendiaire** (m) celui qui met le feu volontairement; pyromane – **le Dauphiné** une ancienne province de la France entre la Savoie et la Provence. Les réformes réclamées par les États du Dauphiné sont à l'origine de la réunion des États Généraux de 1789   23 **la dissension** la discorde   26 **le ravage** la destruction   29 **la consternation** la désolation   37 **occasionner** causer   39 **la demi-lieue** 2 km   50 **le gouvernail** un instrument servant à guider un bateau   59 **devancer** précéder   70 **les effets** (m) ce que l'on possède (ses meubles, ses vêtements etc.)   74 **le flambeau** *Fackel*   77 **le tocsin** le son d'une cloche donnant l'alarme   78 **la paroisse** ici: une unité administrative rurale de l'Ancien Régime   86 **exterminer** faire disparaître complètement   97 **la frayeur** une grande peur   104 **le pillage** *Plünderung*   117 **la calamité** un grand malheur public   118 **prendre le parti de** ici: décider   121 **féroce** (adj) affreux/-euse   125 **la petite vérole** *Pocken*   129 **périr** mourir   132 **soudoyer** payer qn pour obtenir sa complicité   133 **séditieux/-se** révolté   140 **couver** ici: *schwelen*   141 **fermenter** *gären*   143 **le joug** *Joch*   144 **la subsistance** *Existenzminimum*   145 **la redevance** une taxe   146 **la corvée** *Fronarbeit*   149 **un cœur ulcéré** qui garde un vif ressentiment   150 **le torrent** ici: *Flut*

Sujets d'étude

I Compréhension
  1. Comment les incendies se déroulaient-ils?
  2. Quelles sont les réactions du peuple face aux incendiaires?

II Analyse
  1. Quelles sont, selon l'auteur, les causes des incendies?
  2. Quelle position est-ce que l'auteur prend vis-à-vis des événements décrits et quelles solutions propose-t-il?

III Discussion
Comparez le comportement du peuple de Paris tel qu'il est présenté par Beffroy de Reigny dans «L'Exécution de Foulon» à celui du peuple du Dauphiné et trouvez les raisons de la grande différence qu'on peut remarquer entre les deux.

«Les châteaux brûlent»

QUESTION
Relevez les traits qui distinguent dans cette gravure la Révolution dans les campagnes de la Révolution parisienne.

8. «Ça ira»

Composée un an après la Prise de la Bastille, lors de la Fête de la Fédération (14 juillet 1790), par le chansonnier Landré sur un air de contredanse de Bécourt, le «Carillon National», qui était très à la mode à l'époque, la chanson «Ça ira» devint pendant les années 1791-94 l'hymne du militantisme révolutionnaire. «Que de postes importants, nos braves guerriers n'ont-ils pas emportés» écrit le député Boissy d'Anglas sur l'importance de cette chanson, «au pas de charge, la baïonnette en avant, en chantant l'hymne des Marseillais («La Marseillaise»), ou la chanson «Ça ira», deux airs qui ne frapperont jamais l'oreille des républicains, sans leur rappeler les plus beaux jours de la gloire nationale, et sans élever leur âme, par l'idée des vertus qu'ils devront imiter?»[1]
Mais si la «Marseillaise» est restée un air de ralliement et de concorde tout en devenant l'hymne national français, «Ça ira» demeurera handicapé dans sa postérité par le souvenir de la violence des journées révolutionnaires que cette chanson continua à évoquer: tel, par exemple, le récit d'un pillage de maisons d'aristocrates à Dijon, le 2 juin 1791, où une foule populaire ‹fit du bruit›, «cassa les vitres», «cria et chanta la chanson «Ça ira»» jusqu'à deux heures du matin; ou tel cet incident violent survenu le 10 juin 1791 dans la ville de Provins, aux alentours de Paris, où un ancien chanoine, Gervin, avait subitement pris son fusil, ouvert le feu sur la foule assemblée sur la grande place et blessé plusieurs personnes. «Il a, dit-on, été porté à cet acte imprudent de violence, par le dépit d'entendre par la bouche d'un jeune homme l'air fédératif Ça ira.»[2]

[1] François A. de Boissy d'Anglas: Essai sur les fêtes nationales suivi de quelques idées sur les arts et sur la nécessité de les encourager. Adressé à la Convention Nationale. Paris, Impr. Polyglotte, An II (1794).

[2] Le Courrier français, 16 juin 1791, p. 375 («Nouvelles des départements»).

Ça ira

Ah! ça ira, ça ira, ça ira,
Le peuple en ce jour sans cesse répète:
45 Ah! ça ira, ça ira, ça ira,
Malgré les mutins tout réussira!

Nos ennemis confus en restent là,
Et nous allons chanter Alleluya!
Ah! ça ira, ça ira, ça ira,
50 Quand Boileau jadis au clergé parla
Comme un prophète, il prédit cela,
En chantant ma chansonnette,
Avec plaisir on dira:
Ah! ça ira, ça ira, ça ira,
Malgré les mutins tout réussira.

55
Ah! ça ira, ça ira, ça ira,
Suivant la maxime de l'Évangile,
Ah! ça ira, ça ira, ça ira,
Du législateur tout s'accomplira:
60 Celui qui s'élève, on l'abaissera,
Celui qui s'abaisse, on l'élèvera.
Ah! ça ira, ça ira, ça ira,
Le vrai catéchisme nous instruira
Et l'affreux fanatisme s'éteindra;
65 Pour être à la loi docile
Tout Français s'exercera,
Ah! ça ira, ça ira, ça ira,
Malgré les mutins tout réussira.

Ah! ça ira, ça ira, ça ira,
70 Pierre et Margot chantent à la guinguette,
Ah! ça ira, ça ira, ça ira,
Réjouissons-nous, le bon temps viendra.

Le peuple français jadis «à quia»
75 L'aristocratie dit: «Mea culpa.»
Ah! ça ira, ça ira, ça ira,
Le clergé regrette le bien qu'il a,
Par justice la nation l'aura,
Par le prudent La Fayette
Tout trouble s'apaisera, 80
Ah! ça ira, ça ira, ça ira,
Malgré les mutins tout réussira.

Ah! ça ira, ça ira, ça ira,
Par les flambeaux de l'auguste assemblée, 85
Ah! ça ira, ça ira, ça ira,
Le peuple armé toujours se gardera,

Le vrai d'avec le faux l'on connaîtra,
Le citoyen pour le bien soutiendra,
Ah! ça ira, ça ira, ça ira, 90
Quand l'aristocrate protestera,
Le bon citoyen, au nez lui rira,
Sans avoir l'âme troublée
Toujours le plus fort sera,
Ah! ça ira, ça ira, ça ira, 95
Malgré les mutins tout réussira.

Ah! ça ira, ça ira, ça ira,
Petits comme grands sont soldats dans l'âme,
Ah! ça ira, ça ira, ça ira, 100
Pendant la guerre aucun ne trahira.

Avec cœur tout bon Français combattra,
S'il voit du louche, hardiment parlera.
Ah! ça ira, ça ira, ça ira, 105
La Fayette dit: «Vienne qui voudra.»
Le patriotisme leur répondra
Sans craindre ni feu ni flamme,
Le Français toujours vaincra,
Ah! ça ira, ça ira, ça ira, 110
Malgré les mutins tout réussira.

Annotations

46 **le mutin** le révolté   50 **Boileau,** Nicolas (1636-1711), écrivain français, auteur de satires et d'œuvres théoriques, en particulier sur la littérature (Art poétique). Il est également l'auteur d'un poème contre les Jésuites (L'Équivoque)   65 **docile** (adj) facile à conduire   70 **Pierre** et **Margot** noms typiques de paysans français   71 **la guinguette** un bistrot de banlieue   74 **à quia** sans savoir que répondre, c'est-à-dire muet et ignorant   75 **mea culpa** (lat) ma faute   79 **La Fayette,** Marie François Joseph (1757-1834), général et homme politique français, royaliste libéral   84 **le flambeau** Fackel – **auguste** (adj) majestueux/-euse   104 **louche** (adj) ici: suspect

Sujets d'étude

I   COMPRÉHENSION
Quel espoir est exprimé dans cette chanson? Relevez-en divers éléments!

II   ANALYSE
1. Quelle est la fonction des allusions
   a) à Boileau et La Fayette?
   b) à l'Évangile?
   c) à la liturgie?
2. Comment la forme de la chanson aide-t-elle à créer ce grand mouvement d'espoir?

III DISCUSSION
Quel est, selon vous, l'effet produit par cette chanson sur ceux qui la chantent et qui l'écoutent? En quoi est-il nuisible et en quoi bénéfique?

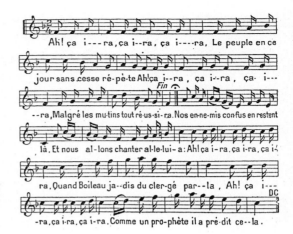

9. Germaine de Staël: Considérations sur la Révolution française (1818)

Écrit pendant les années 1814 à 1817 qui furent marquées, en France, par la chute de l'Empereur Napoléon Bonaparte et le début de la Restauration monarchique, le dernier ouvrage de Germaine de Staël (1766-1817) retrace les événements historiques depuis les dernières années de l'Ancien Régime jusqu'à l'Empire. Publiées un an après sa mort, ces CONSIDÉRATIONS SUR LA RÉVOLUTION FRANÇAISE constituent en même temps une profession de foi politique de la part de Madame de Staël qui resta attachée aux idées libérales de son père, Jacques Necker, Ministre des Finances sous Louis XVI. Critiquant successivement le règne absolutiste de Louis XVI, le Jacobinisme de Robespierre et de Danton, le gouvernement autocratique de Napoléon Bonaparte et la Restauration, ses sympathies vont très nettement vers la démocratie libérale d'Angleterre qu'elle crut réalisée, pendant la brève période des années 1788 à 1791, dans la France révolutionnaire.

Les étrangers ne sauraient concevoir le charme et l'éclat tant vanté de la société de Paris, s'ils n'ont vu la France que depuis vingt ans; mais on peut dire avec vérité, que jamais cette société n'a été aussi brillante et aussi sérieuse tout ensemble, que pendant les trois ou quatre premières années de la Révolution, à compter de 1788 jusqu'à la fin de 1791. Comme les affaires politiques étaient encore entre les mains de la première classe, toute la vigueur de la liberté et toute la grâce de la politesse ancienne se réunissaient dans les mêmes personnes. Les hommes du Tiers État, distingués par leurs lumières et leurs talents, se joignaient à ces gentilshommes plus fiers de leur propre mérite que des privilèges de leur corps; et les plus hautes questions que l'ordre social ait jamais fait naître étaient traitées par les esprits les plus capables de les entendre et de les discuter.

Ce qui nuit aux agréments de la société en Angleterre, ce sont les occupations et les intérêts d'un État depuis longtemps représentatif. Ce qui rendait au contraire la société française un peu superficielle, c'étaient les loisirs de la monarchie. Mais tout à coup la force de la liberté vint se mêler à l'élégance de l'aristocratie; dans aucun pays ni aucun temps, l'art de parler sous toutes ses formes n'a été aussi remarquable que dans les premières années de la Révolution.

À la cour, les deux bataillons de bonne compagnie, l'un fidèle à l'Ancien Régime, et l'autre partisan de la liberté, se rangeaient en présence, et ne s'approchaient guère. Il m'arrivait quelquefois, par esprit d'entreprise, d'essayer quelques mélanges des deux partis, en faisant dîner ensemble les hommes les plus spirituels des bancs opposés; car on s'entend presque toujours à une certaine hauteur; mais les choses devenaient trop graves pour que cet accord même momentané pût se renouveler facilement.

L'Assemblée Constituante, comme je l'ai déjà dit, ne suspendit pas un seul jour la liberté de la presse. Ainsi ceux qui souffraient de se trouver constamment en minorité dans l'Assemblée, avaient au moins la satisfaction de se moquer de tout le parti contraire. Leurs journaux faisaient de spirituels calembours sur les circonstances les plus importantes: c'était l'histoire du monde changée en commérage. Tel est partout le caractère de l'aristocratie des cours. Néanmoins, comme les violences qui avaient signalé les commencements de la Révolution s'étaient promptement apaisées, et qu'aucune confiscation, aucun jugement révolutionnaire n'avait eu lieu, chacun conservait encore assez de bien-être pour se livrer au développement entier de son esprit; les crimes, dont on a souillé depuis la cause des patriotes, n'oppressaient pas alors leur âme; et les aristocrates n'avaient point encore assez souffert pour qu'on n'osât plus même avoir raison contre eux. Tout était en opposition dans les intérêts, dans les sentiments, dans la manière de penser; mais tant que les échafauds n'avaient point été dressés, la parole était encore un médiateur acceptable entre les deux partis. C'est la dernière fois, hélas! que l'esprit français se soit montré dans tout son éclat, c'est la dernière fois, et à quelques égards aussi la première, que la société de Paris ait pu donner l'idée de cette communication des esprits supérieurs entre eux, la plus noble jouissance dont la nature humaine soit capable. Ceux qui ont vécu dans ce temps ne sauraient s'empêcher d'avouer qu'on n'a jamais vu ni tant de vie ni tant d'esprit nulle part; l'on peut juger, par la foule d'hommes de talents que les circonstances développèrent alors, ce que seraient les Français s'ils étaient appelés à se mêler des affaires publiques dans la route tracée par une constitution sage et sincère.

Annotations

29 **vanter** louer   42 **les lumières** (f) le savoir, les connaissances   43 **se joindre** s'allier – **le gentilhomme** le noble   45 **le privilège de corps** l'avantage d'appartenir à l'aristocratie   50 **l'agrément** (m) le plaisir   82 **le calembour** le jeu de mots   84 **le commérage** le bavardage   89 **la confiscation** *Beschlagnahmung*   94 **souiller** salir   101 **l'échafaud** (m) *Schafott*   103 **le/la médiateur/-trice** ici: une personne ou chose à l'aide de laquelle on essaie de concilier deux partis adverses

Sujets d'étude

I COMPRÉHENSION
   1. De quelle étape de la Grande Révolution Mme de Staël parle-t-elle? Quand cette étape s'achève-t-elle?
   2. Qui sont les «deux bataillons de la bonne compagnie» et de quelle sorte de compagnie s'agit-il?

II ANALYSE
   1. Quelle est la nature de l'esprit français selon Mme de Staël?
   2. Quelle est l'image de la Grande Révolution dessinée par Mme de Staël?

III DISCUSSION
   Caractérisez l'attitude de Mme de Staël à l'égard des événements politiques de 1788-1791.

10. Maximilien Robespierre:
Sur les principes du gouvernement révolutionnaire
(1793)

Avocat né dans la ville d'Arras, dans le nord de la France, Maximilien Robespierre (1758-1794) fut élu député du Tiers État aux États Généraux et à l'Assemblée Constituante (1789-1791), puis à la Convention Nationale (1792-94). Leader de la fraction des Jacobins à la Convention Nationale, Robespierre fut pendant la «Terreur» (septembre 1793 – juillet 1794) le membre le plus influent du Comité de Salut Public qui constitua le gouvernement effectif de la France à cette époque. Prononcé sous forme de discours, le 25 décembre 1793 à la tribune de l'Assemblée nationale, ce texte de Robespierre souligne la nécessité et les principes d'un pouvoir exécutif puissant et efficace, face aux menaces intérieures (guerre civile et Contre-Révolution) et extérieures (guerres contre la Maison d'Habsbourg et les Princes d'Allemagne) qui frappèrent la France révolutionnaire dans les années 1793 et 1794.

La théorie du gouvernement révolutionnaire est aussi neuve que la révolution qui l'a amenée. Il ne faut pas chercher dans les livres des écrivains politiques, qui n'ont point prévu cette révolution, ni dans les lois des tyrans, qui, contents d'abuser de leur puissance, s'occupent peu d'en rechercher la légitimité; aussi ce mot n'est-il pour l'aristocratie qu'un sujet de terreur ou un texte de calomnie; pour les tyrans, qu'un scandale; pour bien des gens, qu'une énigme; il faut l'expliquer à tous pour rallier au moins les bons citoyens aux principes de l'intérêt public.

La fonction du gouvernement est de diriger les forces morales et physiques de la nation vers le but de son institution.

Le but du gouvernement constitutionnel est de conserver la République; celui du gouvernement révolutionnaire est de la fonder.

La révolution est la guerre de la liberté contre ses ennemis: la Constitution est le régime de la liberté victorieuse et paisible.

Le gouvernement révolutionnaire a besoin d'une activité extraordinaire, précisément parce qu'il est en guerre. Il est soumis à des règles moins uniformes et moins rigoureuses parce que les circonstances où il se trouve, sont orageuses et mobiles, et surtout parce qu'il est forcé à déployer sans cesse des ressources nouvelles et rapides, pour des dangers nouveaux et pressants.

Le gouvernement constitutionnel s'occupe principalement de la liberté civile; et le gouvernement révolutionnaire, de la liberté publique. Sous le régime constitutionnel, il suffit presque de protéger les individus contre l'abus de la puissance publique: sous le régime révolutionnaire, la puissance publique elle-même est obligée de se défendre contre toutes les factions qui l'attaquent.

Le gouvernement révolutionnaire doit aux bons citoyens toute la protection nationale; il ne doit aux ennemis du peuple que la mort.

Ces notions suffisent pour expliquer l'origine et la nature des lois que nous appelons révolutionnaires. Ceux qui les nomment arbitraires ou tyranniques sont des sophistes stupides ou pervers qui cherchent à confondre les contraires; ils veulent soumettre au même régime la paix et la guerre, la santé et la maladie, ou plutôt ils ne veulent que la résurrection de la tyrannie et la mort de la patrie. S'ils invoquent l'exécution littérale des adages constitutionnels, ce n'est que pour les violer impunément. Ce sont de lâches assassins qui, pour égorger sans péril la République au berceau, s'efforcent de la garotter avec des maximes vagues dont ils savent bien se dégager eux-mêmes. (...)

Si le gouvernement révolutionnaire doit être plus actif dans sa marche, et plus libre dans ses mouvements, que le gouvernement ordinaire, en est-il moins juste et moins légitime? Non. Il est appuyé sur la plus sainte de toutes les lois, le salut du peuple; sur le plus irréfragable de tous les titres, la nécessité.

Il a aussi ses règles, toutes puisées dans la justice et dans l'ordre public. Il n'a rien de commun avec l'anarchie, ni avec le désordre; son but au contraire est de les réprimer, pour amener et pour affermir le règne des lois. Il n'a rien de commun avec l'arbitraire; ce ne sont point les passions particulières qui doivent le diriger, mais l'intérêt public.

Il doit se rapprocher des principes ordinaires et généraux, dans tous les cas où ils peuvent être rigoureusement appliqués sans compromettre la liberté publique. La mesure de sa force doit être l'audace ou la perfidie des conspirateurs. Plus il est terrible aux méchants, plus il doit être favorable aux bons. Plus les circonstances lui imposent des rigueurs nécessaires, plus il doit s'abstenir des mesures qui gênent inutilement la liberté, et qui froissent les intérêts privés, sans aucun avantage public.

Il doit voguer entre deux écueils, la faiblesse et la témérité, le modérantisme et l'excès; le modérantisme, qui est à la modération ce que l'impuissance est à la chasteté, et l'excès, qui ressemble à l'énergie comme l'hydropisie à la santé.

En indiquant les devoirs du gouvernement révolutionnaire, nous avons marqué ses écueils. Plus son pouvoir est grand, plus son action est libre et rapide; plus il doit être dirigé par la bonne foi. Le jour où il tombera dans des mains impures ou perfides, la liberté sera perdue; son nom deviendra le prétexte et l'excuse de la contre-révolution même; son énergie sera celle d'un poison violent.

Aussi la confiance du peuple français est-elle attachée au caractère que la Convention nationale a montré plus qu'à l'institution même.

En plaçant toute sa puissance dans vos mains, il a attendu de vous que votre gouvernement serait bienfaisant pour les patriotes, autant que redoutable aux ennemis de la patrie. Il vous a imposé le devoir de déployer en même temps tout le courage et la politique nécessaires pour les écraser, et surtout d'entretenir parmi vous l'union dont vous avez besoin pour emplir vos grandes destinées.

La fondation de la République française n'est point un jeu d'enfant. Elle ne peut être l'ouvrage du caprice ou de l'insouciance, ni le résultat fortuit du choc de toutes les prétentions particulières et de tous les éléments révolutionnaires. La sagesse, autant que la puissance, présida à la création de l'univers.

Annotations

32 **abuser** user mal, avec excès   36 **la calomnie** une accusation fausse   38 **une énigme** une chose mystérieuse qu'on ne comprend pas   39 **rallier** réunir   58 **déployer** étendre   66 **l'abus** (m) mauvais usage   69 **la faction** un groupe à l'intérieur d'un parti   78 **arbitraire** (adj) despotique   79 **le sophiste** une personne qui fait des raisonnements en apparence logiques mais faux si on les regarde de plus près   83 **la résurrection** *Auferstehung*   85 **l'adage** (m) une sentence   86 **violer** ici: agir contrairement à la loi   87 **impunément** sans être puni   88 **égorger** tuer en coupant la gorge – **le péril** le danger   89 **le berceau** *Wiege* – **garrotter** lier très solidement une personne pour l'empêcher de bouger   98 **irréfragable** auquel il est impossible de s'opposer   100 **puiser** ici: chercher dans, tirer de   113 **l'audace** (f) *Kühnheit*   114 **la perfidie** la fausseté **le conspirateur** une personne qui prépare un complot   119 **froisser** blesser   122 **voguer** naviguer – **un écueil** rocher dans la mer contre lequel un navire risque de se briser   123 **la témérité** une audace excessive, imprudente – **le modérantisme** l'attitude politique des modérés   126 **la chasteté** *Keuschheit*   127 **l'hydropisie** (f) *Wassersucht*   137 **le poison** *Gift*   151 **emplir** remplir, accomplir   155 **fortuit/e** imprévu/e   156 **la prétention** l'ambition (f)   158 **présider à** ici: diriger

Sujets d'étude

I   COMPRÉHENSION
  1. Qu'est-ce qui distingue le gouvernement révolutionnaire du gouvernement constitutionnel?
  2. Sur quelles règles la «grande liberté» du gouvernement révolutionnaire se fonde-t-elle?
  3. Comment le gouvernement révolutionnaire évalue-t-il la mesure de sa force et justifie-t-il ses actes?

II ANALYSE
  1. Quelles sont, selon Robespierre, les conséquences qui découlent d'une théorie ainsi définie et quels sont les droits appartenant à un pouvoir exécutif?
  2. Contre qui se dirige cette théorie de Robespierre?
  3. Analysez les allusions aux événements politiques et expliquez leur effet sur l'idéologie exprimée par ce texte.

III DISCUSSION
  Le gouvernement révolutionnaire voulu par Robespierre représente-t-il, à votre avis, un gouvernement sage et juste ou plutôt dangereux?

11. Lucien Bonaparte:
Discours prononcé le 25 messidor an VIII, pour la Fête du 14 Juillet et de la Concorde
(1800)

«Citoyens: La Révolution est fixée aux principes qui l'ont commencée: elle est finie», affirma Napoléon Bonaparte le 15 décembre 1799 dans son introduction à la nouvelle Constitution du Consulat, un mois après le coup d'État qui l'avait porté au pouvoir, entraînant la chute du Directoire. Cette conscience de l'achèvement de la Révolution, ce désir de n'en garder que les principes élémentaires de 1789, *domine également le discours prononcé le 14 juillet 1800 par le frère du Premier Consul Napoléon, Lucien Bonaparte (1755-1840), Ministre de l'Intérieur pendant le Consulat. Les passages suivants sont des extraits de ce long discours (il comporte plus d'une dizaine de pages dans sa version imprimée) prononcé à l'occasion du onzième anniversaire de la Prise de la Bastille.*

CITOYENS,

L'expérience des siècles nous apprend combien les révolutions sont redoutables: leur action se compose de toutes les passions humaines; la violence en est toujours l'élément principal; et jusqu'à la fin de ces crises terribles, nul ne peut affirmer si leur commencement fut un bien.

Ce caractère est commun à toutes les révolutions: soit qu'une cause méprisable interrompe l'ordre accoutumé des empires, ou que cette interruption soit due à l'excès de la tyrannie et à l'élan de la liberté, la tempête n'est pas moins effrayante; elle n'en menace pas moins toutes les classes de la société.

En parlant au premier peuple de la terre, ma voix provoque cette réflexion conservatrice, parce qu'elle offre des idées dignes d'être émises à l'anniversaire du 14 juillet 1789.

La première de ces idées est que les annales du monde ne retracent point de révolution plus louable dans son but, plus nécessaire aux hommes, plus auguste par la réunion rapide de tant de volontés, de tant de bras: aussi les philosophes qui ont illustré la fin de ce siècle, ont-ils tous appelé par leurs vœux un changement de système. L'injustice et l'oppression, l'ignorance et le fanatisme, le désordre et l'immoralité, régnaient encore dans le pays le plus éclairé de l'Europe: c'étaient la médiocrité qui planait sur le génie, les ténèbres qui dominaient sur une région de lumières.

Un pareil état ne pouvait subsister: les traces de la décrépitude se mêlaient sur le front de la monarchie, aux traces d'une grandeur passée; tous les vices et toutes les fautes la pressaient à l'envi; et l'inexorable main des siècles poussait le trône vers la destruction.

Alors les écrivains prophétisèrent la secousse politique qui devait ébranler l'univers; et ils élevèrent la voix pour que cette secousse, devenue inévitable, fut au moins utile à l'humanité.

La philosophie trouva toutes les âmes préparées par l'excès des maux à recevoir son inspiration dernière: son souffle agissait avec lenteur depuis plusieurs années; et l'on avait déjà vu, par son influence, des citoyens arriver au ministère, lutter contre les courtisans, et tour à tour emporter ou céder le triomphe.

Inutiles efforts de cet esprit réparateur qui brille quelquefois aux yeux des monarques, et leur désigne en vain le dernier moyen d'éviter un bouleversement que les monarques aveuglés croient impossible! Inutiles efforts! la révolution qui devait marquer la fin du siècle, approchait tous les jours.

Déjà les idées hardies, d'abord renfermées dans quelques têtes, saisissent toutes les têtes: les opprimés songent à leur force et comptent les oppresseurs.

Soudain le feu sacré jaillit, et parcourt toutes les veines du corps politique; des millions de bras se lèvent; le mot de liberté résonne de toute part. (...) La Bastille est conquise.

O FRANCE, République cimentée par le sang de tant de héros et de tant de victimes! que la liberté, d'autant plus précieuse qu'elle a coûté plus cher, que la concorde, réparatrice de tous les maux, soient à jamais tes divinités tutélaires! Le 18 Brumaire a achevé l'ouvrage du 14 juillet 1789: tout ce que le premier a détruit, ne doit plus reparaître; tout ce que le dernier a édifié, ne doit plus se détruire.

Et nous, sachons conserver les biens dont nous jouissons. Tous les écueils nous sont aujourd'hui connus: la maîtresse de tous les siècles et de toutes les nations, celle qui ne se trompe jamais, et que l'on ne dédaigne jamais impunément, l'expérience a placé tous ses flambeaux sur le chemin que nous venons de parcourir; que leur clarté nous dirige sans cesse! Français, portons avec orgueil le nom du grand peuple: que ce nom soit l'objet de l'amour et de l'administration du monde! que dans les siècles les plus reculés, les héros du 14 juillet, les défenseurs et les soutiens de l'empire, soient offerts au respect de nos derniers neveux! et que la République, fondée par leurs travaux, soit impérissable aussi bien que leur gloire!

Annotations

27 **redoutable** (adj) fort à craindre   28 **la passion** *Leidenschaft*   34 **méprisable** (adj) ici: peu important   44 **digne** (adj) *würdig*   49 **auguste** (adj) imposant/e   54 **l'oppression** (f) *Unterdrückung*   58 **la médiocrité** *Mittelmaß* – **planer** dominer   59 **les ténèbres** (f, pl) une obscurité profonde   62 **la décrépitude** l'affaiblissement   65 **inexorable** (adj) impitoyable   69 **la secousse** ici: le bouleversement – **ébranler** bouleverser   75 **l'inspiration** (f) l'impulsion   89 **hardi/e** audacieux/-se   93 **jaillir** sortir soudainement   99 **le héros** *Held*   102 **la concorde** l'accord   103 **tutélaire** (adj) protecteur/-trice   109 **l'écueil** (m) ici: le danger   113 **dédaigner** mépriser – **impunément** sans être puni   114 **le flambeau** *Fackel*   117 **l'orgueil** (m) ici: la fierté

Sujets d'étude

I COMPRÉHENSION
1. En quoi consiste, selon Bonaparte, le caractère redoutable de toute révolution?
2. Décrivez les éléments de la «réflexion conservatrice» de Bonaparte dans ce discours. Expliquez le sens de la phrase: «Le 18 Brumaire a achevé l'ouvrage du 14 juillet 1789.»

II ANALYSE
1. Quoiqu'il la juge redoutable, Bonaparte dresse une image positive de la Grande Révolution. Montrez par quels moyens stylistiques/rhétoriques il y parvient et définissez-en la fonction.
2. Comment Bonaparte réalise-t-il son intention d'harmoniser les forces révolutionnaires et les forces conservatrices?

III DISCUSSION
1. Est-ce que ce discours, selon vous, laisse déjà entrevoir les ambitions du futur Empereur Napoléon?
2. Quelles sont les raisons pour le retour à l'esprit conservateur après la Grande Révolution? Existe-t-il des phénomènes comparables à notre époque?

12. Le Soutien de la France
(1800)

Le flambeau révolutionnaire, armé jusqu'aux dents, du poignard des Partis, tenant d'une main les Chaînes de l'esclavage et de l'autre le flambeau de la discorde, a conduit la France aux bords d'un abîme où il se jette lui-même: l'ignorance, sa fidèle compagne, est prête à la précipiter. BONAPARTE montre à la France le danger où l'a réduite l'esprit haineux des factions, lui présente les attributs et les charmes de la justice, de la paix et de l'abondance. La Renommée publie ses exploits et la bienfaisance impartiale du Gouvernement.

«Le Soutien de la France», Gravure, 1800

Annotations
3 **flambeau** la torche *Fackel*   6 **la discorde** le contraire de l'accord   8 **un abîme** le précipice, un trou profond   9 **précipiter** pousser dans l'abîme   11 **la faction** le parti   14 **un exploit** un acte glorieux   (Dans la gravure, c'est-à-dire sur le drapeau): 18 **Brumaire** jour de la prise de pouvoir de Napoléon Bonaparte, le 18 brumaire an VII (= 9 novembre 1799) – **Bataille de Marengo** victoire, en Italie du Nord, de Napoléon sur l'armée autrichienne, le 14 juin 1800

Questions
1. Quels personnages symbolisent, dans cette gravure, les «dangers» de la Révolution et quel est le rôle attribué à Napoléon Bonaparte?
2. Cherchez des parallèles (expressions, images, idéologie) entre cette gravure et le discours de Lucien Bonaparte.

III. LA RÉVOLUTION FRANÇAISE AUX XIXe ET XXe SIÈCLES: MISE EN RÉCIT LITTÉRAIRE ET CONCEPTUALISATION POLITIQUE

13. Charles Baudelaire: Sisina (1857)

«*En 1789*», *écrit Charles Baudelaire (1821-1867) dans le journal le* SALUT PUBLIC 59 *ans plus tard, au moment de la Révolution de 1848,* «*la société était rationaliste et matérialiste. – Aujourd'hui elle est foncièrement spiritualiste et chrétienne. Voilà pourquoi 93 fut sanglant. – Voilà pourquoi 1848 sera moral, humain et miséricordieux.*» *Cette opposition établie par Baudelaire entre les deux révolutions de 1789 et de 1848 traverse également le poème* SISINA *tiré de son recueil* LES FLEURS DU MAL *(1857): le personnage historique de Théroigne de Méricourt (1762-1817) qui participa activement aux événements du 10 août 1792 en faisant massacrer le journaliste royaliste Suleau, se trouve ici confronté au personnage fictif de Sisina. À Théroigne de Méricourt, la* «*belle amazone*» *comme l'appela l'historien Jules Michelet dans son* HISTOIRE DE LA RÉVOLUTION FRANÇAISE, *succède ainsi l'héroïne toute différente chère à Baudelaire, Sisina. Ce personnage fictif de Sisina serait inspiré, d'après les commentateurs de Baudelaire, d'une amie de l'auteur, Elisa Néri, en qui il admira une* «*séduisante aventurière*». *Baudelaire semble avoir pris connaissance du personnage de Théroigne de Méricourt à travers une illustration contemporaine dans l'*HISTOIRE DES GIRONDINS *de Lamartine qui la décrit comme suit:* «*Vêtue en amazone d'une étoffe couleur de sang, un panache (coiffure à plumes) flottant sur son chapeau, le sabre au côté, deux pistolets à la ceinture, elle vola aux insurrections.*»

IMAGINEZ Diane en galant équipage,
Parcourant les forêts ou battant les halliers,
Cheveux et gorge au vent, s'envirant de tapage,
Superbe et défiant les meilleurs cavaliers!

Avez-vous vu Théroigne, amante du carnage,
Excitant à l'assaut un peuple sans souliers,
La joue et l'œil en feu jouant son personnage,
Et montant, sabre au poing, les royaux escaliers?

Telle la Sisina! Mais la douce guerrière
À l'âme charitable autant que meurtrière;
Son courage, affolé de poudre et de tambours.

Devant les suppliants sait mettre bas les armes,
Et son cœur, ravagé par la flamme, a toujours,
Pour qui s'en montre digne, un réservoir de larmes.

Annotations

41 **Diane** la déesse romaine de la chasse   42 **le hallier** un groupe de buissons   43 **le tapage** un grand bruit   45 **Théroigne de Méricourt** (1762-1817), héroïne de la Révolution, qui, d'après la légende, participa à la prise de la Bastille et guida les femmes de Paris à Versailles en octobre 1789 – **le carnage** le massacre   46 **un assaut** l'attaque   48 **le sabre** espèce d'épée   51 **affoler** bouleverser, troubler profondément

Sujets d'étude

I **Compréhension**
 1. Caractérisez les images de Diane et de Théroigne. En quoi le personnage de Sisina y ajoute-t-il des traits nouveaux?
 2. Quels sont les mots et les phrases qui se réfèrent à la Révolution française?

II **Analyse**
 1. Quelle est l'opposition principale de ce sonnet et comment les forces antagonistes sont-elles mises en relation dans ce poème?
 2. En quoi la structure du poème contribue-t-elle à l'idée de la fusion de forces opposées?
 3. Expliquez la fonction des personnifications.

III **Discussion**
 Quels sont – selon vous – les traits caractéristiques principaux qu'attribue Baudelaire à la Révolution telle qu'elle est évoquée dans ce sonnet?

Eugène Delacroix: «La Liberté guidant le peuple» (1830)

Question
En quoi est-ce que le portrait de Delacroix ressemble à celui de Sisina dans le poème de Baudelaire?

14. Victor Hugo: Quatre-vingt-Treize (1874)

Écrit en 1871, au cours des luttes entre la Commune de Paris et le gouvernement légal, et publié en 1874, le roman QUATRE-VINGT-TREIZE constitue un vaste tableau de l'«Année terrible» (V. Hugo) de la Révolution française. L'action met en jeu une double confrontation: celle, d'abord, qui oppose les Jacobins, d'une part, aux paysans monarchistes et contre-révolutionnaires, de l'autre; et celle, ensuite, opposant la Vendée, province bretonne luttant contre le nouveau gouvernement républicain parisien, d'une part, à la métropole Paris, de l'autre. Mais c'est vers le Paris révolutionnaire de l'année 1793 que vont les sympathies du républicain Victor Hugo (1802-1885). Dans le passage suivant il montre à la fois l'ambiance de la vie quotidienne et l'évolution de la vie politique dans la Capitale en 1793 et pendant les années suivantes.

Aux Invalides les statues des saints et des rois étaient coiffées du bonnet phrygien. On jouait aux cartes sur la borne des carrefours; les jeux de cartes étaient, eux aussi, en pleine révolution; les rois étaient remplacés par les génies, les dames par les libertés, les valets par les égalités, et les as par les lois. On labourait les jardins publics; la charrue travaillait aux Tuileries. (...) Partout des journaux. Des garçons perruquiers crêpaient en public des perruques de femmes, pendant que le patron lisait à haute voix le MONITEUR; d'autres commentaient au milieu des groupes, avec force gestes, le journal ENTENDONS-NOUS, de Dubois-Crancé, ou la TROMPETTE DU PÈRE BELLEROSE. Quelquefois les barbiers étaient en même temps charcutiers; et l'on voyait des jambons et des andouilles pendre à côté d'une poupée coiffée de cheveux d'or. Des marchands vendaient sur la voie publique «des vins d'émigrés»; un marchand affichait des vins de cinquante-deux espèces; d'autres brocantaient des pendules en lyre et des sophas à la duchesse; un perruquier avait pour enseigne ceci: «Je rase le clergé, je peigne la noblesse, j'accommode le Tiers État.» On allait se faire tirer les cartes par Martin, au n° 173 de la rue d'Anjou, ci-devant Dauphine. Le pain manquait, le charbon manquait, le savon manquait; on voyait passer des bandes de vaches laitières arrivant des provinces. À la Vallée, l'agneau se vendait quinze francs la livre. Une affiche de la Commune assignait à chaque bouche une livre de viande par décade. On faisait queue aux portes des marchands; une de ces queues est restée légendaire, elle allait de la porte d'un épicier de la rue du Petit-Carreau jusqu'au milieu de la rue Montorgueil. Faire queue, cela s'appelait «tenir la ficelle», à cause d'une longue corde que prenaient dans leur main l'un derrière l'autre, ceux qui étaient à la file. Les femmes dans cette misère étaient vaillantes et douces. Elles passaient les nuits à attendre leur tour d'entrer chez le boulanger. Les expédients réussissaient à la Révolution; elle soulevait cette vaste détresse avec deux moyens périlleux, l'assignat et le maximum; l'assignat était le levier, le maximum était le point d'appui. Cet empirisme sauva la France. L'ennemi, aussi bien l'ennemi de Coblentz que l'ennemi de Londres, agiotait sur l'assignat. Des filles allaient et venaient, offrant de l'eau de lavande, des jarretières et des cadenettes, et faisant l'agio; il y avait les agioteurs du Perron de la rue Vivienne, en souliers crottés, en cheveux gras, en bonnet à poil à queue de renard, et les mayolets de la rue de Valois en bottes cirées, le cure-dents à la bouche, le chapeau velu sur la tête, tutoyés par les filles. Le peuple leur faisait la chasse, ainsi qu'aux voleurs, que les royalistes appelaient «citoyens actifs». Du reste, très peu de vols. Un dénûment farouche, une probité stoïque. Les va-nu-pieds et les meurt-de-faim passaient, les yeux gravement baissés, devant les devantures des bijoutiers du Palais-Égalité. Dans une visite domiciliaire que fit la section Antoine chez Beaumarchais, une femme cueillit dans le jardin une fleur; le peuple la souffleta. Le bois coûtait quatre cents francs, argent, la corde; on voyait dans les rues des gens scier leur bois de lit; l'hiver, les fontaines étaient gelées; l'eau coûtait vingt sous la voie; tout le monde se faisait porteur d'eau. Le louis d'or valait trois mille neuf cent cinquante francs. Une course en fiacre coûtait six cents francs. Après une journée de fiacre on entendait ce dialogue: – Cocher, combien vous dois-je? – Six mille livres. Une marchande d'herbe vendait pour vingt mille francs par jour. Un mendiant disait: Par charité, secourez-moi! il me manque deux cent trente livres pour payer mes souliers. Aucune défaillance dans ce peuple. La sombre joie d'en avoir fini avec les trônes. Les volontaires affluaient, offrant leurs poitrines. Chaque rue donnait un bataillon. Les drapeaux des districts allaient et venaient, chacun avec sa devise. Sur le drapeau du district des Capucins on lisait: Nul ne nous fera la barbe. Sur un autre: Plus de noblesse que dans le cœur. Sur tous les murs, des affiches, grandes, petites, blanches, jaunes, vertes, rouges, imprimées, manuscrites, où on lisait ce cri: Vive la République! Les petits enfants bégayaient «Ça ira».

Ces petits enfants, c'était l'immense avenir.

Plus tard, à la ville tragique succéda la ville cynique; les rues de Paris ont eu deux aspects révolutionnaires très distincts, avant et après le 9 Thermidor; le Paris de Saint-Just fit place au Paris de Tallien; et, ce sont là les continuelles antithèses de Dieu, immédiatement après le Sinaï, la Courtille apparut.

Un accès de folie publique, cela se voit. Cela s'était déjà vu quatre-vingts ans auparavant. On sort de Louis XIV comme on sort de Robespierre, avec un grand besoin de respirer; de là la Régence qui ouvre le siècle et le Directoire qui le termine. Deux saturnales après deux terrorismes. La France prend la clef des champs, hors du cloître puritain comme hors du cloître monarchique, avec une joie de nation échappée.

Après le 9 Thermidor, Paris fut gai, d'une gaieté égarée. Une joie malsaine déborda. À la frénésie de mourir succéda la frénésie de vivre, et la grandeur s'éclipsa. On eut un Trimalcion qui s'appela Grimod de la Reynière; on eut l'Almanach des Gourmands. On dîna au bruit des fanfares dans les entresols du Palais-Royal, avec des orchestres de femmes battant du tambour et sonnant de la trompette. Le peintre Boze peignait ses filles, innocentes et charmantes têtes de seize ans, «en guillotinées», c'est-à-dire décolletées avec des chemises rouges. Aux pieds nus des soldats couverts de sang, de boue et de poussière succédèrent les pieds nus des femmes ornés de diamants; en même temps que l'impudeur, l'improbité reparut; il y eut en haut les fournisseurs et en bas «la petite pègre»; un fourmillement de filous emplit Paris, et chacun dut veiller sur son «luc», c'est-à-dire sur son portefeuille: un des passe-temps était d'aller voir, place du Palais-de-Justice, les voleuses au tabouret; on était obligé de leur lier les jupes; le marquis de Sade présidait la section des Piques, place Vendôme. C'est ainsi que Paris va et vient, il est l'énorme pendule de la civilisation. Après 93, la Révolution traversa une occultation singulière, le siècle sembla oublier de finir ce qu'il avait commencé, on ne sait quelle orgie s'interposa, prit le premier plan, fit reculer au second l'effrayante apocalypse, voilà la vision démesurée, et éclata de rire après l'épouvante; la tragédie disparut dans la parodie, et au fond de l'horizon une fumée de carnaval effaça vaguement Méduse.

Annotations

24 **Invalides** (hôtel des) un immeuble à Paris destiné, sous le règne de Louis XIV, au logement des soldats invalides   25 **le bonnet phrygien** un bonnet rouge, le symbole de la liberté   34 **crêper** friser (les cheveux)   38 **force** (adv, arch) beaucoup   43 **l'andouille** (f) une sorte de saucisson   48 **brocanter** vendre des objets anciens – **la lyre** un instrument de musique *(Lyra)*   51 **accomoder** arranger   59 **assigner** donner   70 **vaillant/e** courageux/-euse   74 **la détresse** la misère   75 **périlleux/-se** dangereux/-se – **l'assignat** (m) une monnaie en papier sous la Révolution   76 **le maximum** une loi révolutionnaire qui fixa des taxes sur les prix et sur les salaires pour stopper l'inflation – **le levier** *Hebel*   77 **le point d'appui** *Stützpunkt*   80 **agioter** spéculer   82 **la jarretière** *Strumpfband*   83 **la cadenette** une tresse de cheveux – **l'agio** (m) la spéculation   86 **le mayolet** un dandy   88 **le cure-dents** *Zahnstocher* – **velu/e** couvert de poils   93 **le dénûment** la misère – **farouche** (adj) sauvage – **la probité** une grande honnêteté   96 **la devanture** ce qu'il y a dans la vitrine d'un magasin   97 **domiciliaire** ici: à la maison   98 **la section Antoine** le nom d'un district parisien pendant la Révolution – **Beaumarchais**, Pierre Augustin, baron de (1732-1799), écrivain français, ses œuvres les plus connues sont «Le Barbier de Séville» (1775) et «Le Mariage de Figaro» (1784)   100 **souffleter** gifler   101 **une corde (de bois)** *ein Klafter (Holz)*   104 **la voie** une ancienne mesure   110 **la livre** une monnaie ancienne   128 **bégayer** *stottern*   134 **le 9 Thermidor** 27 juillet 1794, le jour où Robespierre fut emprisonné   135 **Saint-Just**, Louis de (1767-1794), député révolutionnaire, théoricien. Il fut guillotiné le même jour que Robespierre – **Tallien**, Jean Lambert (1767-1820), conventionnel, montagnard, il contribua à la crise du 9 Thermidor et fut ensuite l'un des chefs de la réaction   138 **la Courtille** un ensemble de petits cabarets parisiens très en vogue à la fin du XVIIIe siècle, ici: symbole de débauche et de crime, opposé à la pureté du Mont Sinaï   143 **la Régence** le gouvernement de Philippe d'Orléans (1715-1723)   144 **le Directoire** le gouvernement de 1795 à 1799 composé par cinq membres directeurs; a donné son nom à cette époque de la Révolution   145 **les saturnales** (f) ici: des orgies   146 **prendre la clef des champs** se dérober, s'en aller sans être vu   147 **le cloître** *Kloster*   152 **la frénésie** un excès de passion   153 **s'éclipser** se dérober   154 **Trimalcion** un personnage dans le roman «Satiricon» de Petronius (1er siècle av. J.C.), un symbole du luxe et des plaisirs de la table – **Grimod de la Reynière** (1758-1838), gastronome et avocat. Il publia «l'Almanach des Gourmands»   157 **l'entresol** (m) l'espace d'un bâtiment qui se trouve entre le rez-de-chaussée et le premier étage   160 **Boze**, Joseph (1745-1826), un portraitiste, surtout connu pour ses portraits au pastel   167 **l'impudeur** (f) le manque de discrétion – **une improbité** le contraire de probité (voir ci-dessus)   168 **le fournisseur** un commerçant   169 **la pègre** le monde des voleurs   173 **le tabouret** petit siège à quatre pieds   175 **Sade**, Donatien Alphonse François, marquis de (1740-1814), écrivain français – **la section des piques** un district de la ville de Paris pendant la Révolution   176 **place Vendôme** une place à Paris   179 **une occultation** cacher, rendre obscur, sombre   187 **Méduse** un personnage de la mythologie grecque dont le regard pouvait tuer

Sujets d'étude

I   COMPRÉHENSION
  1. Qu'est-ce que signifie le 9 Thermidor? Dressez une liste avec les moments de la vie révolutionnaire avant et après le 9 Thermidor!
  2. Comment les gens se comportaient-ils avant le 9 Thermidor et comment se montrèrent-ils après?

II ANALYSE
  1. Quelles explications V. Hugo donne-t-il à ces deux aspects contradictoires de la vie sous la Grande Révolution? Quelle est sa propre position?
  2. Examinez les métaphores et les allusions aux événements politiques dont Hugo se sert pour l'expression de ses idées sur la Révolution et relevez leur fonction.

III DISCUSSION
  «C'est ainsi que Paris va et vient, il est l'énorme pendule de la civilisation.» Est-ce que cette métaphore est juste pour décrire un processus historique ou proposeriez-vous une autre vue de l'histoire de la Révolution en particulier et de l'histoire de la civilisation en général?

15. Alexis de Tocqueville: L'Ancien Régime et la Révolution (1856)

Le livre majeur d'Alexis Charles Henri Maurice Clérel Comte de Tocqueville (1805-1859) qui fut député pendant la Monarchie de Juillet et Ministre de l'Extérieur en 1849, part d'une thèse provocatrice: celle d'une continuité entre l'Ancien Régime et la Révolution qui s'était elle-même considérée comme une rupture radicale dans l'histoire de France. Les passages suivants, tirés de l'Avertissement et du chapitre V du livre, montrent déjà les lignes de force de cette «interprétation de la Révolution par une histoire à long terme, qui met en relief le poids du passé et réduit la portée du changement dont la Révolution s'est imaginée être responsable».[1]

Les Français ont fait en 1789, le plus grand effort auquel se soit jamais livré aucun peuple, afin de couper pour ainsi dire en deux leur destinée, et de séparer par un abîme ce qu'ils avaient été jusque-là de ce qu'ils voulaient être désormais. Dans ce but, ils ont pris toutes sortes de précautions pour ne rien emporter du passé dans leur condition nouvelle; ils se sont imposés toutes sortes de contraintes pour se façonner autrement que leurs pères; ils n'ont rien oublié enfin pour se rendre méconnaissables.

J'avais toujours pensé qu'ils avaient beaucoup moins réussi dans cette singulière entreprise qu'on ne l'avait cru au dehors et qu'ils ne l'avaient cru d'abord eux-mêmes. J'étais convaincu qu'à leur insu ils avaient retenu de l'Ancien Régime la plupart des sentiments, des habitudes, des idées même à l'aide desquelles ils avaient conduit la Révolution qui le détruisit, et que, sans le vouloir, ils s'étaient servis de ses débris pour construire l'édifice de la société nouvelle; de telle sorte que, pour bien comprendre et la Révolution et son œuvre, il fallait oublier un moment la France que nous voyons, et aller interroger dans son tombeau la France qui n'est plus. C'est ce que j'ai cherché à faire ici; mais j'ai eu plus de peine à y réussir que je n'aurais pu le croire. (. . .)

Quelle a été l'œuvre propre de la Révolution française?

Tout ce qui précède n'a eu pour but que d'éclaircir le sujet et de faciliter la solution de cette question que j'ai posée d'abord: Quel a été l'objet véritable de la Révolution? Quel est enfin son caractère propre? Pourquoi précisément a-t-elle été faite? Qu'a-t-elle fait?

La Révolution n'a point été faite, comme on l'a cru, pour détruire l'empire des croyances religieuses; elle a été essentiellement, malgré les apparences, une révolution sociale et politique; et, dans le cercle des institutions de cette espèce, elle n'a point tendu à perpétuer le désordre, à le rendre en quelque sorte stable, à méthodiser l'anarchie, comme disait un de ses principaux adversaires, mais plutôt à accroître la puissance et les droits de l'autorité publique. Elle ne devait pas changer le caractère que notre civilisation avait eu jusque-là, comme d'autres l'ont pensé, en arrêter les progrès, ni même altérer dans leur essence aucune des lois fondamentales sur lesquelles reposent les sociétés humaines dans notre Occident. Quand on la sépare de tous les accidents qui ont momentanément changé sa physionomie à différentes époques et dans divers pays, pour ne la considérer qu'en elle-même, on voit clairement que cette Révolution n'a eu pour effet que d'abolir ces institutions politiques qui, pendant plusieurs siècles, avaient régné sans partage chez la plupart des peuples européens, et que l'on désigne d'ordinaire sous le nom d'institutions féodales, pour y substituer un ordre social et politique plus uniforme et plus simple, qui avait l'égalité des conditions pour base.

Cela suffisait pour faire une révolution immense, car, indépendamment de ce que les institutions antiques étaient encore mêlées et comme entrelacées à presque toutes les lois religieuses et politiques de l'Europe, elles avaient, de plus, suggéré une foule d'idées, de sentiments, d'habitudes, de mœurs, qui leur étaient comme adhérentes. Il fallut une affreuse convulsion pour détruire et extraire tout à coup du corps social une partie qui tenait ainsi à tous ses organes. Ceci fit paraître la

Révolution encore plus grande qu'elle n'était; elle semblait tout détruire, car ce qu'elle détruisait touchait à tout et faisait en quelque sorte corps avec tout.

Quelque radical qu'ait été la Révolution, elle a cependant beaucoup moins innové qu'on ne le suppose généralement: je le montrerai plus tard. Ce qu'il est vrai de dire d'elle, c'est qu'elle a entièrement détruit ou est en train de détruire (car elle dure encore) tout ce qui, dans l'ancienne société, découlait des institutions aristocratiques et féodales, tout ce qui s'y rattachait en quelque manière, tout ce qui en portait, à quelque degré que ce fût, la moindre empreinte. Elle n'a conservé de l'ancien monde que ce qui avait toujours été étranger à ces institutions ou pouvait exister sans elles. Ce que la Révolution a été moins que toute autre chose, c'est un événement fortuit. Elle a pris, il est vrai, le monde à l'improviste, et cependant elle n'était que le complément du plus long travail, la terminaison soudaine et violente d'une œuvre à laquelle dix générations d'hommes avaient travaillé. Si elle n'eût pas eu lieu, le vieil édifice social n'en serait pas moins tombé partout, ici plus tôt, là plus tard: seulement il aurait continué à tomber pièce à pièce au lieu de s'effondrer tout à coup. La Révolution a achevé soudainement, par un effort convulsif et douloureux, sans transition, sans précaution, sans égards, ce qui se serait achevé peu à peu de soi-même à la longue. Telle fut son œuvre.

1 F. Furet: Penser la Révolution française. Paris, 1978, p. 177.

Annotations

43 **les débris** (m) les restes (m)   71 **accroître** agrandir   88 **féodal/e** qui vient du Moyen Âge   95 **entrelacer** être lié étroitement à   100 **adhérent/e** *fest anhaftend*   115 **découler** venir de   119 **une empreinte** la trace   124 **fortuit/e** imprévu/e   125 **à l'improviste** d'une façon inattendue   130 **l'édifice** (m) **social** le système social   134 **s'effondrer** tomber, s'écrouler

Sujets d'étude

I   COMPRÉHENSION
  1. Quelle est la nature du changement réalisé par la Révolution? Quel est en définitive le changement que la Révolution a réalisé?
  2. Quelle est la signification de la Révolution pour d'autres pays que la France?

II   ANALYSE
  1. Est-ce que, selon l'auteur, les Français ont réussi à «ne rien emporter du passé dans leurs conditions nouvelles»?
  2. Est-ce que l'auteur veut réduire l'importance de la Révolution française?

III DISCUSSION
  Vis-à-vis des révolutions de notre histoire qui ont apporté tant de violence et qui ont fait couler beaucoup de sang – préférez-vous l'évolution ou êtes-vous de l'avis que la révolution seule peut et doit provoquer les changements qui ne pourraient pas être réalisés autrement?

16. Ernest Renan: L'Avenir de la science (1890)

L'œuvre d'Ernest Renan (1823-1892) qui fut critique littéraire, Professeur d'Études Hébraïques au Collège de France et membre de l'Académie française, est marquée par une foi inconditionelle dans le progrès social et politique. Celui-ci résulte, pour lui, d'un constant perfectionnement de l'esprit humain en général et de la Science en particulier. Écrit en grande partie en 1849, mais publié seulement en 1890, l'AVENIR DE LA SCIENCE présente la somme de la pensée de Renan: «théorie hégélienne, mais qui puise son originalité dans la combinaison des principes de Hegel et de l'idée de la primauté de la science positive qui est pour Renan la vraie religion»[1], il établit ici le culte laïc de la Science et du Progrès dans lequel la Révolution française occupe une place centrale.

La Révolution française est le premier essai de l'humanité pour prendre ses propres rênes et se diriger elle-même. C'est l'avènement de la réflexion dans le gouvernement de l'humanité. C'est le moment correspondant à celui où l'enfant, conduit jusque-là par les instincts spontanés, le caprice et la volonté des autres, se pose en personne libre, morale et responsable de ses actes. On peut, avec Robert Owen, appeler tout ce qui précède «période irrationnelle de l'existence humaine», et un jour cette période ne comptera dans l'histoire de l'humanité, et dans celle de notre nation en particulier, que comme une curieuse préface, à peu près ce qu'est à l'histoire de France ce chapitre dont on la fait d'ordinaire précéder sur l'histoire des Gaules. La vraie histoire de France commence en 89; tout ce qui précède est la lente préparation de 89, et n'a d'intérêt qu'à ce prix. Parcourez en effet l'histoire, vous ne trouverez rien d'analogue à ce fait immense que présente tout le XVIIIᵉ siècle: des philosophes, des hommes d'esprit, ne s'occupant nullement de politique actuelle, qui changent radicalement le fond des idées reçues, et opèrent la plus grande des révolutions, et cela avec conscience, réflexion, sur la foi de leurs systèmes. La révolution de 89 est une révolution faite par des philosophes. Condorcet, Mirabeau, Robespierre offrent le premier exemple de théoriciens s'ingérant dans la direction des choses et cherchant à gouverner l'humanité d'une façon raisonnable et scientifique. Tous les membres de la Constituante, de la Législative et de la Convention étaient à la lettre et presque sans exception des disciples de Voltaire et de Rousseau. Je dirai bientôt comment le char dirigé par de telles mains ne pouvait d'abord être si bien conduit que quand il marchait tout seul, et comment il devait aller se briser dans un abîme. Ce qu'il importe de constater, c'est cette incomparable audace, cette merveilleuse et hardie tentative de réformer le monde conformément à la raison, de s'attaquer à tout ce qui est préjugé, établissement aveugle, usage en apparence irrationnel, pour y substituer un système calculé comme une formule, combiné comme une machine artificielle. Cela, dis-je, est unique et sans exemple dans tous les siècles antérieurs: cela constitue un âge dans l'histoire de l'humanité. (...)

Il faut espérer, marcher toujours, et mépriser en attendant les objections des sceptiques. D'ailleurs, le pas n'est plus à faire: l'humanité s'est définitivement émancipée, elle s'est constituée personne libre, voulant se conduire elle-même, et supposé qu'on profite d'un instant de sommeil pour lui imposer de nouvelles chaînes, ce sera un jeu pour elle de les briser. Le seul moyen de ramener l'ancien ordre de choses, c'est de détruire la conscience en détruisant la science et la culture intellectuelle. Il y a des gens qui le savent; mais, je vous le jure, ils n'y réussiront pas.

Tel est donc l'état de l'esprit humain en ce siècle. Il a renversé de gothiques édifices, construits on ne sait trop comment et qui pourtant suffisaient à abriter l'humanité. Puis il a essayé de reconstruire l'édifice sur de meilleures proportions, mais sans y réussir; car le vieux temple élevé par l'humanité avait de merveilleuses finesses, qu'on n'avait pas d'abord aperçues, et que les modernes ingénieurs avec toute leur géométrie ne savent point ménager. Et puis on est devenu difficile; on ne veut pas s'être fatigué en pure perte. Les siècles précédents ne se plaignaient pas de l'organisation de la société, parce que l'organisation y était nulle. Le mal était accepté comme venant de la fatalité. Ce qui maintenant ferait jeter les hauts cris n'excitait point alors une plainte. L'école néoféodale a étrangement abusé de ce malentendu. Que faire? Reconstruire le vieux temple? Ce serait bien plus difficile encore, car, lors même que le plan n'en serait pas perdu, les matériaux le seraient à jamais. Ce qu'il faut, c'est chercher le parfait au-delà, c'est pousser la science à ses dernières limites. La science, et la science seule, peut rendre à l'humanité ce sans quoi elle ne peut vivre, un symbole et une loi.

Annotations

25 **les rênes** (f) *Zügel*   33 **Owen**, Robert (1771-1858), un réformateur anglais qui créa les premières coopératives de production et de consommation   41 **la Gaule** nom antique de la France   55 **Condorcet**, Antoine, marquis de (1743-1794), un mathématicien et philosophe, président de l'Assemblée législative à la Convention. Il vota contre la peine de mort pour Louis XVI – **Mirabeau**, Honoré Gabriel, comte de (1749-1791), député du Tiers État aux États Généraux et brillant orateur. Partisan de la monarchie constitutionnelle, il fut accusé de trahison   57 **s'ingérer** se mêler à   63 **Rousseau**, Jean-Jacques (1712-1778), écrivain et philosophe de langue française auteur du «Discours sur les origines et les fondements de l'inégalité parmi les hommes» (1755) où il essaie de prouver que la propriété privée est à l'origine de l'inégalité et du «Contrat social» (1762) qui ont contribué à préparer les grands changements politiques de la Révolution   64 **le char** ici: une voiture tirée par les chevaux   68 **l'abîme** (m) *Abgrund*   70 **l'audace** (f) courage   82 **l'objection** (f) un argument opposé à un autre   96 **l'édifice** (m) un grand bâtiment   98 **abriter** protéger   113 **l'école** (f) **néoféodale** un courant de pensée au 19ᵉ siècle   114 **abuser** user mal   117 **lors même que** même si

Sujets d'étude

I   COMPRÉHENSION
   1. À qui Renan attribue-t-il le mérite d'avoir préparé la Révolution?

II ANALYSE
   1. Quels sont selon Renan les avantages de «l'avenir de la science»?
   2. Qu'est-ce que la science signifie pour l'auteur?

III DISCUSSION
   Comparez l'appréciation de la Révolution de Renan à celle de Tocqueville.

17. Jean Jaurès: Histoire socialiste de la Révolution française (1901-1904)

Pour Jean Jaurès, né en 1859 et assassiné en 1914 par un adversaire politique qui lui reprochait son pacifisme à l'égard de l'Allemagne, l'histoire de la Révolution française était «une œuvre d'ardente pédagogie révolutionnaire». Député socialiste à l'Assemblée nationale, fondateur du journal l'HUMANITÉ (1902) qui est aujourd'hui l'organe officiel du Parti Communiste Français (PCF), Jaurès écrivit l'HISTOIRE SOCIALISTE DE LA RÉVOLUTION FRANÇAISE entre 1898 et 1904, dans une période de crises intérieures et de luttes sociales afin de présenter à ses contemporains un «modèle d'une démocratie sociale», et «un enseignement vivant pour la classe ouvrière».

C'est du point de vue socialiste que nous voulons raconter au peuple, aux ouvriers, aux paysans, les événements qui se développent de 1789 à la fin du XIXᵉ siècle. Nous considérons la Révolution française comme un fait immense et d'une admirable fécondité; mais elle n'est pas, à nos yeux, un fait définitif dont l'histoire n'aurait ensuite qu'à dérouler sans fin les conséquences. La Révolution française a préparé indirectement l'avènement du prolétariat. Elle a réalisé les deux conditions essentielles du socialisme: la démocratie et le capitalisme. Mais elle a été, en son fond, l'avènement politique de la classe bourgeoise.

Peu à peu, le mouvement économique et politique, la grande industrie, la croissance de la classe ouvrière qui grandit en nombre et en ambition, le malaise des paysans écrasés par la concurrence et investis par la féodalité industrielle et marchande, le trouble moral de la bourgeoisie intellectuelle qu'une société mercantile et brutale offense en toutes ses délicatesses, tout prépare une nouvelle crise sociale, une nouvelle et plus profonde révolution où les prolétaires saisiront le pouvoir pour transformer la propriété et la moralité. C'est donc la marche et le jeu des classes sociales depuis 1789 que nous voudrions retracer à grands traits. Il est toujours un peu arbitraire de marquer des limites, des divisions tranchantes dans le progrès ininterrompu et nuancé de la vie. Pourtant, on peut, avec une suffisante exactitude, distinguer trois périodes dans l'histoire de la classe bourgeoise et de la classe prolétarienne depuis un siècle.

D'abord, de 1789 à 1848, la bourgeoisie révolutionnaire triomphe et s'installe. Elle utilise contre l'absolutisme royal et contre les nobles la force des prolétaires, mais ceux-ci, malgré leur prodigieuse activité, malgré le rôle décisif qu'ils jouent en certaines journées, ne sont qu'une puissance subordonnée, une sorte d'appoint historique. Ils inspirent parfois aux possédants bourgeois une véritable terreur: mais au fond ils travaillent pour eux; ils n'ont pas une conception de la société radicalement différente: le communisme de Babeuf et de ses rares disciples ne fut qu'une convulsion sublime, le spasme suprême de la crise révolutionnaire avant l'apaisement du Consulat et du premier Empire. Même en 1793 et en 1794 les prolétaires étaient confondus dans le Tiers État: ils n'avaient ni une claire conscience de la classe ni le désir ou la notion d'une autre forme de propriété. Ils n'allaient guère au-delà de la pauvre pensée de Robespierre: une démocratie politiquement souveraine, mais économiquement stationnaire, faite de petits propriétaires paysans et de petite bourgeoisie artisane. La merveilleuse sève de vie du socialisme, créateur de richesse, de beauté et de joie, n'était point en eux: aux jours terribles, ils brûlaient d'une flamme sèche, flamme de colère et d'envie. Ils ignoraient la séduction, la puissante douceur d'un idéal nouveau (...)

Et encore la deuxième période, celle qui va de février 1848 à mai 1871, du Gouvernement provisoire à la répression sanglante de la Commune, est-elle trouble et incertaine. Déjà, il est vrai, le socialisme s'affirme comme une force et comme une idée; le prolétariat s'affirme comme une classe. La révolution ouvrière se dresse si menaçante contre l'ordre bourgeois que les classes dirigeantes coalisent contre elle toutes les puissances de la bourgeoisie et les propriétaires paysans affolés par le spectre rouge. Mais il y a encore indécision et confusion dans les doctrines socialistes: en 1848, le communisme de Cabet, le mutuellisme de Proudhon, l'étatisme de Louis Blanc se heurtent désespérément, et le moule de pensée où doit prendre forme la classe ouvrière est inconsistant et inachevé; les théoriciens se disputent le métal en fusion qui sort de la fournaise, et pendant qu'ils se querellent, la réaction, conduite par l'homme de Décembre, brise tous les moules ébauchés et refroidit le métal. Sous la Commune même, blanquistes, marxistes, proudhoniens impriment à la pensée ouvrière des directions divergentes: nul ne peut dire quel idéal socialiste eût appliqué la Commune victorieuse. (...)

La Commune clôt la seconde période où le socialisme s'affirme comme une force de premier ordre, confuse encore et convulsive; mais c'est bien elle, aussi, c'est bien la Commune qui a rendu possible la période nouvelle, celle où nous sommes tous engagés et où le socialisme procède méthodiquement à l'organisation totale de la classe ouvrière, à la conquête morale des paysans rassurés, au ralliement de la bourgeoisie intellectuelle désenchantée du pouvoir bourgeois, et à la prise de possession complète du pouvoir pour des formes nouvelles de propriété et d'idéal.

Maintenant la confusion n'est plus à craindre. Il y a dans la classe ouvrière et le parti socialiste unité de pensée. Malgré les chocs des groupes et les rivalités superficielles, toutes les forces prolétariennes sont unies, au fond, par une même action. Si demain le prolétariat s'emparait du pouvoir tout entier, il en pourrait d'emblée faire un usage défini et décisif. (...)

Aussi notre interprétation de l'histoire sera-t-elle à la fois matérialiste avec Marx et mystique avec Michelet. C'est bien la vie économique qui a été le fond et le ressort de l'histoire humaine, mais à travers la succession des formes sociales, l'homme, force pensante, aspire à la pleine vie de la pensée, à la communion ardente de l'esprit inquiet, avide d'unité, et du mystérieux univers. Le grand mystique d'Alexandrie disait: «Les hautes vagues de la mer ont soulevé ma barque et j'ai pu voir le soleil à l'instant même où il sortait des flots.» De même, les vastes flots montants de la révolution économique soulèveront la barque humaine pour que l'homme, pauvre pêcheur lassé d'un long travail nocturne, salue de plus haut la première lueur de l'esprit grandissant qui va se lever sur nous.

Et nous ne dédaignerons pas non plus, malgré notre interprétation économique des grands phénomènes humains, la valeur morale de l'histoire. Certes, nous savons que les beaux mots de liberté et d'humanité ont trop souvent couvert, depuis un siècle, un régime d'exploitation et d'oppression. La Révolution française a proclamé les Droits de l'Homme; mais les classes possédantes ont compris sous ce mot les droits de la bourgeoisie et du capital. Elles ont proclamé que les hommes étaient libres quand les possédants n'avaient sur les non-possédants d'autre moyen de domination que la propriété elle-même, mais la propriété c'est la force souveraine qui dispose de toutes les autres. Le fond de la société bourgeoise est donc un monstrueux égoïsme de classe compliqué d'hypocrisie. Mais il y a eu des heures où la Révolution naissante confondait avec l'intérêt de la bourgeoisie révolutionnaire l'intérêt de l'humanité, et un enthousiasme humain vraiment admirable a plus d'une fois empli les cœurs. De même dans les innombrables conflits déchaînés par l'anarchie bourgeoise, dans les luttes des partis et des classes, ont abondé les exemples de fierté, de vaillance et de courage. Nous saluerons toujours, avec un égal respect, les héros de la volonté, en nous élevant au-dessus des mêlées sanglantes, nous glorifierons à la fois les républicains bourgeois proscrits en 1851 par le coup d'État triomphant et les admirables combattants prolétariens tombés en juin 1848. (...)

Ainsi nous essaierons dans cette histoire socialiste, qui va de la Révolution bourgeoise à la période préparatoire de la Révolution prolétarienne, de ne rien retrancher de ce qui fait la vie humaine. Nous tâcherons de comprendre et de traduire l'évolution économique fondamentale qui gouverne les sociétés, l'ardente aspiration de l'esprit vers la vérité totale, et la noble exaltation de la conscience individuelle défiant la souffrance, la tyrannie et la mort. C'est en poussant à bout le mouvement économique que le prolétariat s'affranchira et deviendra l'humanité. Il faut donc qu'il prenne une conscience nette, dans l'histoire, et du mouvement économique et de la grandeur humaine. Au risque de surprendre un moment nos lecteurs par le disparate de ces grands noms, c'est sous la triple inspiration de Marx, de Michelet et de Plutarque que nous voudrions écrire cette modeste histoire, où chacun des militants qui y collaborent mettra sa nuance de pensée, où tous mettront la même doctrine essentielle et la même foi.

Annotations

27 **la fécondité** la fertilité   42 **investir** ici: accabler – **la féodalité** le système politique   44 **mercantile** qui veut faire des profits à tout prix   54 **tranchant/e** net/te   65 **prodigieux/-se** très considérable   68 **l'appoint** (m) aide   74 **Babeuf**, François Noël dit Gracchus (1760-1797), révolutionnaire français. Il conspira contre le Directoire et fut exécuté. Sa doctrine, appelée babovisme, est proche du communisme   75 **le spasme** ici: une courte renaissance   77 **l'apaisement** (m) le calme – **le Consulat** le gouvernement de 1799 à 1804, Napoléon Bonaparte fut Premier Consul et ensuite Consul à vie – **le premier Empire** le gouvernement de 1804 à 1814, établi par Napoléon I qui se fit couronner Empereur   81 **la notion** l'idée   86 **stationnaire** (adj) qui ne bouge pas   98 **la Commune** (de Paris) gouvernement révolutionnaire (18 mars – 27 mai 1871) – **trouble** (adj) qui n'est pas clair   104 **coaliser** coopérer   106 **affolé/e** qui a très peur   107 **le spectre** le fantôme   109 **Cabet**, Étienne (1788-1856), publiciste français, auteur d'une utopie communiste intitulée «Voyage en Icarie»   110 **le mutuellisme** la théorie de la mutualité qui est un système de solidarité. De ce système proviennent les syndicats – **Proudhon**, Pierre Joseph (1809-1865), théoricien socialiste français qui a proclamé que «La propriété, c'est le vol»   111 **Blanc**, Louis (1811-1892), historien et homme politique. Il fut membre du gouvernement provisoire en février 1848. Il dut s'exiler jusqu'en 1870 et fut député de l'extrême gauche à l'Assemblée nationale   112 **le moule** le modèle   115 **la fournaise** un grand fourneau où l'on fond du métal   117 **l'homme de Décembre** Louis Napoléon Bonaparte, le futur Napoléon III. Il fit son coup d'État le 2 décembre 1851 et prépara ainsi le rétablissement de l'Empire   118 **ébauché/e** *entworfen, skizziert*   125 **clore** terminer   134 **le ralliement** le rassemblement   135 **désenchanté/e** désillusionné/e   145 **s'emparer de** *ergreifen*   146 **d'emblée** du premier coup   149 **Marx**, Karl (1818-1883), philosophe et théoricien communiste allemand   150 **Michelet**, Jules (1798-1874), historien français, auteur d'une «Histoire de la Révolution française» (1847-1853)   151 **le ressort** ici: le moteur   156 **ardent/e** brûlant   157 **le grand mystique d'Alexandrie** le philosophe Origènes (185-254)   161 **les flots** (f) *Fluten*   166 **la lueur** le rayon   168 **dédaigner** mépriser   174 **l'exploitation** (f) *Ausbeutung*   188 **l'hypocrisie** (f) *Heuchelei*   193 **emplir** envahir   195 **déchaîner** ici: libérer avec violence   197 **la vaillance** le courage   201 **la mêlée** le combat acharné   202 **proscrire** bannir, exiler   203 **le coup d'État** le changement violent de gouvernement   210 **retrancher** enlever   215 **l'exaltation** (f) l'excitation   216 **défier** *trotzen*   219 **s'affranchir** se libérer   226 **Plutarque** (50-125), écrivain grec, moraliste

Sujets d'étude

I   COMPRÉHENSION
1. Quelles sont les trois périodes dans l'histoire de la classe bourgeoise et de la classe prolétarienne selon Jaurès?
2. Expliquez la signification de la phrase: «Le fond de la société bourgeoise est donc un monstrueux égoïsme de classe compliqué d'hypocrisie.» En quoi l'égoïsme et l'hypocrisie consistent-ils?

II ANALYSE
1. En quoi l'interprétation de Jaurès est-elle matérialiste et en quoi mystique? Relevez les éléments qu'il donne comme explication de l'histoire de France.
2. Montrez comment Jaurès développe dans ce texte son point de vue que la Révolution n'est pas «un fait définitif dont l'histoire n'aurait ensuite qu'à dérouler sans fin les conséquences».

III DISCUSSION
Faites la distinction entre le point de vue socialiste de Jaurès et le point de vue scientifique de Renan.

«La Prise de la Bastille»

QUESTION
Comment est-ce que cette illustration parvient à bien montrer le caractère révolutionnaire des événements du 14 Juillet?

18. Romain Rolland: Le 14-Juillet (1902)

Représentée pour la première fois le 21 mars 1902 au Théâtre de la Renaissance à Paris, la pièce LE 14-JUILLET entre dans le projet de Romain Rolland (1886-1944) visant à créer un nouveau théâtre à la fois engagé et populaire. Plus qu'à la recherche de la «vérité anecdotique» (c'est-à-dire des détails concrets des événements historiques de la Révolution), Romain Rolland s'y est attaché à la recherche de la «vérité morale» et à la représentation de la «poésie légendaire» du 14 juillet 1789, comme il l'explique dans une notice précédant le texte même de la pièce. Relevant de nombreux parallèles entre la France d'Ancien Régime et la France de la «Belle Époque» (autour de 1900), il montre le triomphe de valeurs éternelles comme la soif de liberté et le désir de fraternité dans une période de décadence politique et morale.

En 1936, au moment de la menace fasciste en Europe et de l'élection (fortement soutenue par R. Rolland) du Front Populaire en France, la pièce du socialiste R. Rolland fut représentée de nouveau, et avec grand succès. L'auteur en souligna comme suit, dans la revue littéraire EUROPE, *l'actualité: «À la dernière scène de ma pièce* LE 14-JUILLET, *Camille Desmoulins crie au public:«La Bastille est à bas: il reste d'autres Bastilles! À l'assaut! . . .» Menons l'assaut, mes camarades! Et tâchons que ce soit avec le moins de dégâts possible!»*

1. PRÉFACE

Lorsqu'il y a une dizaine d'années, un certain nombre de jeunes écrivains, groupés autour de la Revue d'Art Dramatique, prirent l'initiative d'un mouvement pour fonder un Théâtre du Peuple à Paris, il ne firent donc que renouer la tradition interrompue de la Révolution; et il était naturel que l'un d'entre eux fût amené à choisir comme sujet de ses premières œuvres populaires la Révolution elle-même, l'Iliade du peuple de France. Les trois pièces, que nous publions ici, devaient faire partie d'un ensemble dramatique sur la Révolution, – une sorte d'épopée comprenant une dizaine d'œuvres. LE 14-JUILLET en était la première page, et DANTON, le centre, la crise décisive, où fléchit la raison des chefs de la Révolution, et où leur foi commune est sacrifiée à leurs ressentiments. Dans LES LOUPS, où est peinte la Révolution, aux armées, – dans LE TRIOMPHE DE LA RAISON, où elle traverse les provinces, à la chasse des Girondins proscrits, elle se dévore elle-même. J'aurais voulu donner, dans l'ensemble de cette œuvre, comme le spectacle d'une convulsion de la nature, d'une tempête sociale, depuis l'instant où les premières vagues se soulèvent du fond de l'océan, jusqu'au moment où elles semblent de nouveau y rentrer, et où le calme retombe lentement sur la mer.

Pour diverses raisons, j'ai dû interrompre l'œuvre. En attendant que les circonstances me permettent de la reprendre, je crois pouvoir présenter au public ces drames isolés. Mon effort, en les écrivant, a été de dégager autant que possible l'action de toute intrigue romanesque qui l'encombre et la rapetisse. J'ai cherché à mettre en pleine lumière les grands intérêts politiques et sociaux, pour lesquels l'humanité lutte depuis un siècle. Napoléon a dit à Goethe: «La politique, voilà la moderne fatalité». – La politique est aussi la vraie tragédie de notre temps. Il se joue dans le monde actuel de grandes tragicomédies. C'est le devoir de l'art de tâcher de s'élever jusqu'à elles, s'il ne veut disparaître.

SCÈNE FINALE DE LA PIÈCE:
LA PRISE DE LA BASTILLE

UN SUISSE, *venant de la cour extérieure, à de Launey.*

Monseigneur, il arrive une foule immense par la rue Saint-Antoine. Ils ont pris les Invalides. Ils traînent une vingtaine de canons.

DE FLUE.

Sacrebleu! il faut pourtant se décider; ou notre situation, si bonne soit-elle, finirait par se gâter. Laissez-nous secouer cette vermine, ou nous serons rongés jusqu'à l'os.

Des tourbillons de fumée s'élèvent pardessus les murs d'enceinte.

DE LAUNEY.

Qu'est-ce que cette fumée?

UN SUISSE.

Ils ont mis le feu aux bâtiments avancés.

DE LAUNEY.

Les misérables! Ils veulent une guerre sans pitié. Ils l'auront.

DE FLUE.

Faut-il tirer?

DE LAUNEY.

Attendez . . .

DE FLUE.

Que voulez-vous attendre encore?

DE LAUNEY, *interrogeant Vintimille du regard.*

Monsieur de Vintimille!

VINTIMILLE, *un peu méprisant.*

Je vous ai dit mon sentiment. Faites ce que vous voudrez. – Mais un conseil: quelle que soit votre décision, n'en changez plus.

125 DE LAUNEY.

Faites-donc à votre gré, monsieur de Flue, et chargez-les!

De Launey, de Flue, et les Suisses sortent dans l'autre cour.

130 VINTIMILLE, *méditant ironiquement. – À quelques pas de lui, les invalides gardent les canons.*

Notre mauvaise conscience ... Ce caporal qui se permet d'avoir une conscience! ... Il est plus riche que moi. La conscience! ... Elle n'est ni bonne ni mauvaise. Elle n'est pas. – L'honneur, soit. – L'honneur? Il consistait sous l'ancien Roi, quand on avait une femme ou une sœur 140 présentable, à intriguer pour qu'il couchât avec elle, ou à épouser la courtisane en titre, afin que cette basse denrée, sortie de la crasse des tripots, fût relevée par la saveur d'un nom aristocratique ... Laissons l'honneur tranquille. – Je ne sais vraiment pas pourquoi je me bats ici. – Loyalisme? Fidélité au Roi? Nous sommes trop habitués à voir clair dans nos pensées, pour rester dupes des mots. Il y a 150 longtemps que je ne crois plus au Roi. – Alors? – *Haussant les épaules.* L'habitude, la convenance, le savoir-vivre? – Oui, savoir qu'on est dans l'erreur, ne pas croire à ce qu'on fait, mais y apporter, jusqu'au bout, une correction et une élégance méticuleuse, qui sert à nous cacher l'absolue inutilité de nos actes.

Grand brouhaha. Les Suisses se replient précipitamment de la cour extérieure, 160 *avec de Flue et de Launey.*

LES SUISSES:

Ils viennent!

VINTIMILLE.

Quoi? Ils viennent? Qui? Le peuple? ... Impossible! 165

DE FLUE, *sans répondre.*

Vite! levez le pont! – Tonnerre!

DE LAUNEY.

Aux canons!

Les Suisses lèvent en hâte le pont-levis. 170 *Les invalides roulent les canons en face de la porte. Immédiatement après, on entend la clameur de la foule se heurter et mugir comme un flot à l'enceinte de la cour.* 175

VINTIMILLE, *stupéfait.*

Ils sont entrés! Ils sont entrés vraiment?

DE FLUE, *soufflant.*

Ouf! – Il était temps! – Gredins! – *À Vintimille.* Croiriez-vous qu'ils ont réussi à 180 faire tomber le premier pont-levis! – Vous savez, la maison du parfumeur qui est à côté de l'entrée? ... Ah! sacrebleu! Je l'avais bien dit qu'il fallait brûler toutes ces tanières! ... Ils étaient trois ou quatre 185 sur le toit, des maçons, des couvreurs, ils se sont laissé glisser comme des singes sur le mur qui touche au corps de garde. On n'y faisait pas attention. Ils sont arrivés à la porte, ils ont brisé les chaînes du pont; 190 le pont est tombé tout d'une masse, au milieu de cette foule, en écrasant une dizaine. Ç'a été un torrent. Ils se sont tous rués dessus. Écoutez-les hurler! – Ah! les canailles! 195

Annotations

44 **renouer** faire revivre   49 **l'Iliade** poème épique de Homère sur la guerre de Troie   52 **l'épopée** (f) long poème   54 **Danton**, Georges (1759-1794), avocat, ministre de la Justice après le 10 août 1792. Réclamant la fin du régime de la Terreur. Il fut accusé par Robespierre et guillotiné   55 **fléchir** céder   62 **proscrire** ici: poursuivre – **se dévorer** ici: se détruire   78 **rapetisser** rendre plus petit   98 **sacrebleu** un juron *(etwa: Himmelsacra)*   100 **se gâter** ici: prendre une mauvaise tournure   101 **la vermine** (péj) *Pack* – **ronger** *nagen*   103 **le tourbillon** un vent rapide   104 **les murs** (m) **d'enceinte** murs qui entourent un lieu et le protègent   127 **charger** ici: *laden*   133 **le caporal** un grade militaire *(Gefreiter)*   141 **la courtisane** ici: une femme de mœurs légères – **en titre** officiel/le   142 **la denrée** la marchandise   143 **la crasse des tripots** *Schmutz der Spielhöllen*   144 **la saveur** un goût agréable   149 **la dupe** une personne trompée   156 **méticuleux/-se** une personne qui aime s'occuper de petits détails   158 **le brouhaha** un grand bruit – **se replier** se retirer   170 **le pont-levis** un pont qui peut être levé d'un côté   173 **la clameur** le bruit, les cris   174 **mugir** crier – **le flot** ici: une grande vague   176 **stupéfait/e** immobilisé/e par la surprise   179 **le gredin** une personne méprisable   185 **la tanière** une cabane misérable, aussi un refuge   186 **le maçon** *Maurer* – **le couvreur** *Dachdecker*   194 **se ruer** se lancer sur

Sujets d'étude

I COMPRÉHENSION
1. Quelles réflexions ont mené à la rédaction de la pièce présentée ici en partie?
2. Quelle est selon Rolland la tâche de l'art?

II ANALYSE
1. Comment est-ce que de Launey, de Flue et Vintimille réagissent au moment de l'attaque?
2. Quel est leur avis concernant le peuple en révolte et la situation politique en général?

III DISCUSSION
Rolland réussit-il dans cette scène «à mettre en pleine lumière les grands intérêts politiques et sociaux, pour lesquels l'humanité lutte depuis un siècle»?

Affiche clandestine de la Résistance française (1944)

Annotations
Laval, Pierre homme politique français, Président du Conseil des Ministres du régime de Vichy de 1940 à 1944. L. est condamné à mort en 1945 et exécuté
la Saint-Barthélémy le jour du massacre des protestants, le 24 août 1572, à Paris et d'autres villes **le Secours populaire** association de solidarité de gauche.

QUESTION
Comparez le contenu de cette affiche au texte p. 50.

19. Anatole France: Les dieux ont soif (1912)

LES DIEUX ONT SOIF, *roman historique d'Anatole France (1844-1924), raconte l'histoire de la Révolution française à partir d'un destin individuel: celui du peintre Évariste Gamelin, un personnage fictif, qui apparaît comme élève du grand peintre Jacques-Louis David. Partisan inconditionnel de la Révolution jacobine, membre du Tribunal révolutionnaire de Paris, et admirateur de Maximilien Robespierre (voir le passage ci-après), Gamelin reflète, dans la perspective d'Anatole France, la psychologie du militant révolutionnaire, sa soif illimitée de justice et sa volonté de punir les «traîtres» de la Nation. Exécuté sur la guillotine après la chute de Robespierre, le personnage de Gamelin illustre en même temps, dans le cadre des opinions politiques conservatrices d'Anatole France, le proverbe populaire selon lequel «La Révolution mange ses propres enfants».*

Ce jour-là, le 11 Vendémiaire, un homme jeune, le front fuyant, le regard perçant, le nez en pointe, le menton aigu, le visage grêlé, l'air froid, monta lentement à la tribune. Il était poudré à frimas et portait un habit bleu qui lui marquait la taille. Il avait ce maintien compassé, tenait cette allure mesurée qui faisait dire aux uns, en se moquant, qu'il ressemblait à un maître à danser et qui le faisait saluer par d'autres du nom d'«Orphée français». Robespierre prononça d'une voix claire un discours éloquent contre les ennemis de la République. Il frappa d'arguments métaphysiques et terribles Brissot et ses complices. Il parla longtemps, avec abondance, avec harmonie. Planant dans les sphères célestes de la philosophie, il lançait la foudre sur les conspirateurs qui rampaient sur le sol.

Évariste entendit et comprit. Jusque-là, il avait accusé la Gironde de préparer la restauration de la monarchie ou le triomphe de la faction d'Orléans et de méditer la ruine de la ville héroïque qui avait délivré la France et qui délivrerait un jour l'univers. Maintenant, à la voix du sage, il découvrait des vérités plus hautes et plus pures; il concevait une métaphysique révolutionnaire, qui élevait son esprit au-dessus des grossières contingences, à l'abri des erreurs des sens, dans la région des certitudes absolues. Les choses sont par elles-mêmes mélangées et pleines de confusion; la complexité des faits est telle qu'on s'y perd. Robespierre les lui simplifiait, lui présentait le bien et le mal en des formules simples et claires. Fédéralisme, indivisibilité: dans l'unité et l'indivisibilité était le salut; dans le fédéralisme, la damnation. Gamelin goûtait la joie profonde d'un croyant qui sait le mot qui sauve et le mot qui perd. Désormais le Tribunal révolutionnaire, comme autrefois les tribunaux ecclésiastiques, connaîtrait du crime absolu, du crime verbal. Et, parce qu'il avait l'esprit religieux, Évariste recevait ces révélations avec un sombre enthousiasme; son cœur s'exaltait et se réjouissait à l'idée que désormais, pour discerner le crime et l'innocence, il possédait un symbole. Vous tenez lieu de tout, ô trésors de la foi! Le sage Maximilien l'éclairait aussi sur les intentions perfides de ceux qui voulaient égaliser les biens et partager les terres, supprimer la richesse et la pauvreté et établir pour tous la médiocrité heureuse. Séduit par leurs maximes, il avait d'abord approuvé leurs desseins qu'il jugeait conformes aux principes d'un vrai républicain. Mais Robespierre, par ses discours aux Jacobins, lui avait révélé leurs menées et découvert que ces hommes, dont les intentions paraissaient pures, tendaient à la subversion de la République, et n'alarmaient les riches que pour susciter à l'autorité légitime de puissants et implacables ennemis. En effet, sitôt la propriété menacée, la population tout entière, d'autant plus attachée à ses biens qu'elle en possédait peu, se retournait brusquement contre la République. Alarmer les intérêts, c'est conspirer. Sous apparence de préparer le bonheur universel et le règne de la justice, ceux qui proposaient comme un objet digne de l'effort des citoyens l'égalité et la communauté des biens étaient des traîtres et des scélérats plus dangereux que les fédéralistes.

Mais la plus grande révélation que lui eût apportée la sagesse de Robespierre, c'était les crimes et les infamies de l'athéisme.

Gamelin n'avait jamais nié l'existence de Dieu; il était déiste et croyait à une providence qui veille sur les hommes; mais, s'avouant qu'il ne concevait que très indistinctement l'Être suprême et très attaché à la liberté de conscience, il admettait volontiers que d'honnêtes gens pussent, à l'exemple de La Mettrie, de Boulanger, du baron d'Holbach, de Lalande, d'Helvétius, du citoyen Dupuis, nier l'existence de Dieu, à la charge d'établir une morale naturelle et de retrouver en eux-mêmes les sources de la justice et les règles d'une vie vertueuse. Il s'était même senti en sympathie avec les athées, quand il les avait vus injuriés ou persécutés. Maximilien lui avait ouvert l'esprit et dessillé les yeux. Par son éloquence vertueuse, ce grand homme lui avait révélé le vrai caractère de l'athéisme, sa nature, ses intentions, ses effets; il lui avait démontré que cette doctrine, formée dans les salons et les boudoirs de l'aristocratie, était la plus perfide invention que les ennemis du peuple eussent imaginée pour le démoraliser et l'asservir; qu'il était criminel d'arracher du cœur des malheureux la pensée consolante d'une providence rémunératrice et de les livrer sans guide et sans frein aux passions qui dégradent l'homme et en font un vil esclave, et qu'enfin l'épicurisme monarchique d'un Helvétius conduisait à l'immoralité, à la cruauté, à tous les crimes. Et, depuis que les leçons d'un grand citoyen l'avaient instruit, il exécrait les athées, surtout lorsqu'ils l'étaient d'un cœur ouvert et joyeux, comme le vieux Brotteaux.

Annotations

25 **le vendémiaire** le mois de la récolte (sept.-oct.) dans le calendrier révolutionnaire   28 **grêlé/e** *pockennarbig*   29 **poudré à frimas** se disait des cheveux poudrés de blanc   31 **compassé/e** mesuré, sans spontanéité   35 **Orphée** personnage de la mythologie grecque   39 **Brissot de Warville**, Jacques (1754-1793), journaliste et homme politique français. Député à la Législative et à la Convention, un des chefs des Girondins, il fut guillotiné   41 **planer** ici: vivre sans contact avec la réalité – **céleste** adj du mot ciel   43 **ramper** *kriechen*   45 **Évariste** nom propre   46 **Gironde** fraction du club des Jacobins représentant surtout la grande bourgeoisie   48 **la faction** groupe à l'intérieur d'un parti politique   65 **la damnation** *Verdammnis* – **Gamelin** nom propre   67 **perdre** ici: qui cause la damnation   87 **les menées** (f) *Machenschaften*   90 **la subversion** ici: la chute   91 **susciter** faire naître   92 **implacable** sans pitié   103 **le traître** *Verräter* – **le scélérat** un criminel   109 **le déiste** qui croit en Dieu – **la providence** le destin   115 **La Mettrie**, Julien de (1709-1751), médecin et philosophe matérialiste, ami de Frédéric II de Prusse   116 **Boulanger**, Nicolas Antoine (1722-1759), inspecteur des Ponts et Chaussées, collaborateur à la grande Encyclopédie – **Holbach**, Paul baron d' (1723-1789), philosophe français, matérialiste et athée, auteur du «Système de la Nature» (1770)   117 **Lalande**, Joseph (1732-1807), astronome français. Sa «Bibliographie astronomique» est une chronique des sciences de son temps – **Helvétius**, Claude (1715-1771), philosophe français, auteur du livre «De l'esprit», apologie du sensualisme absolu – **Dupuis**, Charles François (1742-1809), philosophe et professeur de rhétorique latine. Député à la Convention, il joua un rôle important dans l'organisation des écoles centrales   125 **dessiller les yeux** ouvrir les yeux   130 **le boudoir** un petit salon   133 **asservir** rendre esclave   135 **rémunérateur/-trice** récompensant/e   138 **vil/e** de peu de valeur – **l'épicurisme** (m) un courant philosophique qui dit qu'il faut profiter du moment actuel   142 **exécrer** détester   145 **Brotteaux des Ilettes**, Maurice, personnage littéraire dans «Les Dieux ont soif», représente les idées de l'auteur

Sujets d'étude

I   COMPRÉHENSION
1. Expliquez la situation présentée dans ce texte.
2. En quoi est-ce qu'Évariste change d'opinion/d'idées en écoutant Robespierre?

II   ANALYSE
1. Comment est-ce que le texte nous informe sur les idées et les discours de Robespierre? Décrivez et expliquez la technique d'A. France et montrez-en les effets.
2. Caractérisez Évariste.
3. Expliquez le caractère de Robespierre tel qu'il est présenté par l'auteur.

III   DISCUSSION
1. Quels sont les liens entre la politique et la religion dans ce texte?
2. Cette relation se retrouve-t-elle aussi à notre époque?

IV. Présence et actualité de la Révolution française

20. Elsa Triolet:
Le premier accroc coûte deux cents francs (1945)

Elsa Triolet raconte dans le recueil de nouvelles Le premier accroc coûte deux cents francs *son expérience de la guerre et de la lutte contre l'oppression nazie en France, pendant les années 1940 à 1944. Ce recueil fut d'abord publié, clandestinement et par morceaux, à partir de 1943, puis sous forme de livre en 1945. Il reçut en 1945 le Prix Goncourt, le prix littéraire français le plus renommé. L'extrait suivant est tiré de l'avant-propos du livre, intitulé «Préface à la clandestinité», où l'auteur évoque la situation dramatique de la France occupée des années 1940 à 1944, leur violence sauvage et la négation radicale des valeurs humanistes par l'occupant nazi. Cette préface s'achève sur un appel enflammé que voici:*

Par conséquent, cessez de dire: «Nous sommes trop faibles, nous n'avons pas d'armes, nous n'avons qu'à nous laisser exterminer». Ce n'est pas vrai. Déjà, les Forces Françaises de l'Intérieur tiennent, sur de nombreux points, l'envahisseur en échec; aidez-les à raccourcir la durée de la guerre. La non-résistance ne peut que la prolonger, la rendre plus sanglante. Que chacun de vous aide la Résistance selon les moyens, si limités qu'ils soient. Il n'y a pas de petite tâche: le patient travail des fourmis vient toujours à bout de la charogne qui semble écraser la fourmilière.

Rappelez-vous les paroles sacrées:

> Entendez-vous dans nos campagnes
> Mugir ces féroces soldats!
> Ils viennent jusque dans nos bras
> Égorger nos fils, nos compagnes!
>   Aux armes, citoyens!...

Rien n'est changé depuis les temps qui virent naître la *Marseillaise*. Mais, si dans ses vers nous retrouvons la description frappante des spectacles atroces que nos yeux voient aujourd'hui, n'oublions pas qu'à ses accents un peuple qu'on prétendait incapable de se défendre, et qui improvisa à la fois ses armes et ses chefs, chassa du sol français une armée «moderne», une armée réputée invincible, l'armée prussienne mise en déroute à Valmy.

Annotations

24 **exterminer** éliminer   25 **Forces Françaises de l'Intérieur** (F.F.I.) armée clandestine organisée par la Résistance française pour combattre l'occupant nazi   33 **la fourmi** *Ameise* – **la charogne** la dépouille mortelle d'un animal *sterbliche Überreste, Aas*   34 **la fourmilière** le lieu d'habitation des fourmis   37 **mugir** *brüllen*   39 **égorger** tuer en coupant la gorge   42 **la Marseillaise** hymne national français, créé en 1792 par le poète et officier Rouget de Lisle, et chanté la première fois par des soldats marseillais   52 **Valmy** village en Champagne, lieu de la victoire, le 20 septembre 1792, des troupes de la France révolutionnaire contre l'armée prussienne (bataille également appelée «La Canonnade de Valmy»)

Sujets d'étude

I   Compréhension
1. Quelle est la position de l'auteur en ce qui concerne la résistance contre l'occupant nazi?
2. Pourquoi l'auteur refuse-t-il une résistance non-violente, passive?

II   Analyse
1. Quelle est, pour Elsa Triolet, la signification de la *Marseillaise* dont le texte est placé au milieu du paragraphe?
2. Quelles similitudes (ou parallèles) Elsa Triolet observe-t-elle entre la situation de la France au moment de la composition de la *Marseillaise* (1792) et de la France des années 1943-44? Sur quel exemple historique fonde-t-elle sa foi dans une victoire contre l'occupant nazi?

III   Discussion
Ce texte a été écrit en juin 1944. Que savez-vous de la situation de l'Europe, en général, et de la France, en particulier, à cette époque? Comment jugez-vous l'engagement de l'auteur devant la situation politique à laquelle répond ce texte?

21. Aimé Césaire: Toussaint Louverture. La Révolution française et le problème colonial (1960)

Le livre qu'Aimé Césaire, écrivain antillais né en 1913 à Basse-Pointe (Martinique) et député à l'Assemblée nationale française, consacra en 1960 à la Révolution française, touche deux questions différentes, comme l'indique son titre: d'abord la révolte des esclaves noirs des Antilles, symbolisée par la figure de leur leader Toussaint Louverture (1743-1803), pendant les années 1791 à 1804 qui entraîna e.a. l'indépendance du premier État noir, Haïti (1804); et d'autre part l'attitude des différents gouvernements révolutionnaires face à l'esclavage des noirs qui fut aboli en février 1794 par un décret de la Convention nationale pour être rétabli par Napoléon Bonaparte en 1801. L'extrait suivant concerne cette seconde problématique du livre de Césaire, étroitement liée à celle des révoltes d'esclaves.

Attendre l'abolition de l'esclavage d'un geste spontané de la bourgeoisie française, sous prétexte que cette abolition était dans la logique de la Révolution et plus précisément de la Déclaration des Droits de l'Homme, c'était, à tout prendre, méconnaître que sa propre tâche historique, la révolution bourgeoisie elle-même, la bourgeoisie ne l'avait accomplie que harcelée par le peuple et comme poussée l'épée dans les reins.

L'étonnant est que les masses nègres aient si vite compris qu'il n'y avait rien à attendre de Paris et qu'elles n'auraient en définitive que ce qu'elles auraient le courage de conquérir.

C'est un fait, les Assemblées françaises bavardèrent beaucoup à propos des nègres et agirent très peu en leur faveur. La tradition s'instaura dès les États Généraux.

Le 5 mai 1789 dans son discours d'ouverture, Necker prononça des paroles grandiloquentes: «Un jour viendra peut-être, Messieurs, où vous étendrez plus loin votre intérêt; un jour viendra peut-être où, associant à vos délibérations les députés des colonies, vous jetterez un regard de compassion sur ce malheureux peuple dont on a fait tranquillement un barbare objet de trafic; sur ces hommes semblables à nous par la pensée et surtout par la triste faculté de souffrir; sur ces hommes cependant que, sans pitié pour leur douloureuse plainte, nous accumulons, nous entassons au fond d'un vaisseau, pour aller ensuite à pleines voiles les présenter aux chaînes qui les attendent.» (...)

La Constituante durant toute son existence devait faire la sourde oreille. Et telle y fut l'atmosphère que personne n'osa aborder de front le problème. Je n'y vois qu'un seul abolitionniste, du moins un seul homme qui osât le proclamer. C'était un obscur député du Vermandois, M. Viefville des Essarts, dont le projet fut publié en annexe au compte rendu de la séance du 11 mai 1791.

Viefville des Essarts avait le cœur bien placé et n'était pas sans «philosophie»:

«Messieurs,

La liberté est le premier droit que l'homme tient de la nature; ce droit est sacré et inaliénable; rien ne doit l'en dépouiller. L'esclavage n'est donc que l'abus de la force.

La France a eu le bonheur de le voir disparaître de son continent; mais, injuste, elle a eu la cruauté de l'établir dans ses colonies. C'est une violation de toutes les lois sociales et humaines. Si jamais il y a une occasion de proscrire du sol français cet abus barbare, si jamais il s'en est présenté une d'y briser les chaînes de la servitude; c'est sans doute dans un moment où les hommes pénétrés plus que jamais de cette vérité qu'ils sont égaux devant l'Être qui les a créés, et devant la loi éternelle qu'une main invisible a gravée dans leurs cœurs, réunissent tous leurs efforts pour abolir et effacer jusqu'aux dernières traces de leur ancien asservissement.

Le temps me paraît donc venu, Messieurs, de vous présenter le projet le plus grand, le plus noble, le plus digne peut-être de la postérité, qui seul peut immortaliser cette auguste assemblée: l'abolition de l'esclavage.» (...)

Ce projet, malgré ses limites, mérite d'être salué. C'est, que nous sachions, le premier osant envisager l'abolition de l'esclavage. Mais, très en avance sur son temps, il dut

apparaître comme les rêveries d'un songe-creux plutôt qu'un document digne des méditations d'une assemblée sérieuse. Il fut publié, distribué, et sans être discuté, rentra bien sagement dans les archives. Alors vint l'Assemblée législative.
Le progrès, à vrai dire, fut mince. La même règle fut conservée, de prudence, voire de timidité.
Il est juste de signaler la décision portant interdiction de la traite (avril 1792). Mais, comme apeurée de son acte, l'Assemblée avait pris un tel soin de se mettre à couvert du précédent anglais, que l'on avait pu y voir plus une mesure de circonstance que l'effet d'une vaste pensée politique. (...)
Mais l'esclavage même, la Législative se défendit toujours de vouloir y porter la main.
C'est ce que répétèrent à l'envie les commissaires envoyés à Saint-Domingue, jurant qu'il n'était ni dans leurs intentions ni dans leurs instructions d'innover en la matière.
Lors de leur arrivée au Cap en septembre 1792, Polverel avait été catégorique: «Nous déclarons que l'esclavage est nécessaire à la culture et à la prospérité des colonies, et qu'il n'est ni dans les principes, ni dans la volonté de l'Assemblée Nationale ni du roi, de toucher à cet égard aux prérogatives des colons.»
On eût attendu plus de hardiesse de la Convention. La vérité est que ni la Girondine ni la Montagnarde, n'osèrent aller très loin.
L'occasion en était pourtant donnée: on s'était mis en tête de rédiger une nouvelle constitution et une nouvelle Déclaration des Droits de l'Homme. Comment éluder le problème colonial, le problème des droits de l'homme d'outre-mer posé avec tant de force par tant de sanglants événements? C'est pourtant ce que firent tranquillement, je ne dis pas Condorcet et la Gironde, mais aussi Robespierre et la Montagne. (...)
Robespierre n'agit point.
Mieux: dans son rapport du 17 novembre 1793 sur la situation de la République, il traitait bel et bien les Girondins de bradeurs d'Empire, les accusant d'avoir voulu «en un instant affranchir et armer tous les nègres pour détruire nos colonies».
C'est que son génie n'était pas exempt d'une certaine étroitesse de nationalisme. Qu'on y ajoute son ordinaire prudence. On le voit bien quand il donne au monde l'assurance que les Français n'ont point la prétention «d'aller planter l'étendard tricolore jusque sur les bornes du monde» et qu'après tout, les rois auraient pu mourir ou végéter en paix sur leur trône, s'ils n'avaient songé à attaquer la France.
Il est permis de croire que c'est une pensée du même genre qui l'inspirait quand il demandait à Barère de mettre une sourdine à la question coloniale, lui-même prêchant d'exemple.
Robespierre cherchait l'apaisement avec l'Angleterre. Pitt pour prix de l'apaisement souhaitait que la France désavouât «les maximes sanguinaires qui conduisent à la subversion de tout gouvernement». Et l'Angleterre avait sur les bras la Jamaïque et une révolte servile. Il serait exagéré de dire que Robespierre ait voulu faire plaisir à Pitt. Mais il est permis de penser que, soucieux de la paix, il ne voulait pas non plus jeter entre la France et l'Angleterre un brandon supplémentaire de discorde.
La Constituante avait sacrifié les nègres aux colons.
La Législative aux ports de commerce.
La Convention les sacrifiait à la paix.»

Annotations

2 **Toussaint Louverture** (1743-1803), homme politique et général haïtien, chef des insurgés de Saint-Domingue de 1796 à 1802. Il mourut en captivité   24 **une abolition** du verbe abolir, supprimer   33 **harceler** fatiguer par des attaques   34 **les reins** (m) *Nieren*   46 **Necker**, Jacques (1732-1804), financier et homme politique. Son renvoi, le 11 juillet 1789, déclencha les troubles du 14 juillet 1789 – **grandiloquent/e** pompeux/-se   54 **le trafic** le commerce illégal   68 **le Vermandois** ancienne région de la France du Nord   77 **inaliénable** qu'on ne peut supprimer – **dépouiller** dénuder   85 **proscrire** ici: interdire   95 **un asservissement** état d'esclavage   106 **le songe-creux** un rêveur   116 **la traite** le trafic des esclaves   126 **Saint-Domingue** l'ancienne capitale d'Haïti   130 **le Cap** une partie d'Haïti   131 **Polverel** homme politique de second ordre   137 **la prérogative** le privilège   145 **éluder** éviter   150 **Condorcet**, Antoine, marquis de (1743-1794), mathématicien, philosophe, économiste et homme politique français. Président de l'Assemblée législative, puis député de la Convention, il organisa l'instruction publique   156 **le bradeur** une personne qui se débarasse à bas prix d'une marchandise   158 **affranchir** libérer   161 **exempt** sauf   166 **un étendard** le drapeau

173 **Barère de Vieuzac**, Bertrand (1755-1841), homme politique français. Conventionnel, il passa des Girondins aux Montagnards 177 **Pitt**, William (1759-1806), premier ministre britannique, adversaire de la Révolution 179 **sanguinaire** (adj) cruel 187 **le brandon de discorde** une chose qui provoque la discorde

Sujets d'étude

I   COMPRÉHENSION
1. Quelles sont les stratégies politiques concernant les colonies françaises pendant la Révolution?
2. Pourquoi l'abolition de l'esclavage se trouve-t-elle dans la logique de la Révolution? Quels sont les arguments donnés par Necker et Viefville?

II ANALYSE
1. Analysez l'interprétation de la politique coloniale sous la Révolution donnée dans ce texte de Césaire.
2. Quelle est la fonction des phrases courtes de ce texte?

III DISCUSSION
1. Comparez les arguments de Césaire à ceux de Jaurès. Quelle appréciation ces deux auteurs portent-ils sur la bourgeoisie? Quelle est votre opinion sur ce sujet?

22. Alain Schifres: «Allons z'enfants» (Le Nouvel Observateur, 1981)

L'élection de François Mitterrand, le 10 mai 1981, comme premier président de la Cinquième République issu du Parti Socialiste (P.S.), fournit l'arrière-fond politique de cet article paru deux mois plus tard. Un journaliste du NOUVEL OBSERVATEUR, *magazine lui-même proche du Parti Socialiste, décrit ici les formes de commémoration de la Prise de la Bastille et leur fonction, depuis la Révolution française jusqu'à nos jours.*

Les mythes simplifient l'Histoire. Le 14 juillet la complique plutôt car il est ambigu. De cette fête civique, où la France des révolutions se donne en spectacle à elle-même et sublime ses audaces, il existe une version de gauche et une version de droite. Pétards ou fanfares, manif ou revue, bal popu ou concert. Les uns célèbrent ce jour-là le 14 juillet 1789, c'est-à-dire l'esprit d'insurrection (le ciel était dégagé). Les autres y commémorent le 14 juillet 1790, c'est-à-dire la Fête de la Fédération (...), cette illusion lyrique d'un peuple retrouvant son unité autour du roi. Chacun des camps a sa Marianne, la première coiffée du bonnet phrygien, dont la C.G.T. a racheté les droits, la seconde couronnée de laurier-sauce.

En 1880, les inventeurs de notre 14 juillet à nous sont des républicains modérés. Donc quatre-vingt-dixards. Unité nationale. Nos républicains fin de siècle ont un côté force tranquille. Ils font digérer le souvenir de la Commune comme le P.S., derrière ses affiches villageoises, sait faire oublier 68 aux campagnes. «C'est, en même temps que la consécration», souligne l'historien Girardet à la télévision, l'achèvement de la République. La Révolution n'a plus d'objet. Les opportunistes au pouvoir font du 14 juillet la Fête-Dieu d'une religion laïque.

Ce n'est pas pour rien si l'âge d'or du 14 juillet (1880-1914) se confond avec celui de la carte postale. La jeune République n'a aucune peine à puiser ses allégories sentimentales, ses effusions dans cette vaste métaphore en mouvement que fut la Révolution française, où l'on poétisait, théâtralisait tout, donnant sa tête à couper comme on fait ses adieux au music-hall.

LES CHAPEAUX TRICOLORES

Les retraites aux flambeaux sont les processions de la Raison. Au cléricalisme aveugle, déclare la République des Jules, opposons le culte de Marianne. Celle-ci a ses autels où l'on vient déposer des bouquets. Marianne, au début de la IIIe, a l'érotisme vigoureux. «C'est une femme au corps brûlant / Au sein gonflé d'indépendance / Brave, fidèle, son amant / Se nomme le peuple de France.» Le roi-père raccourci, la France Oedipe couche dans les blés d'or avec sa maman potelée, une sorte de Cérès qui ne serait pas encore une tendance mais toujours une déesse. Les instituteurs furent les missionnaires de cette Église-là. Le 14 juillet devint le premier jour des vacances. Ainsi, la jeunesse éprouva-t-elle dans sa chair ce qu'était la fin de l'oppression.

La prise de la Bastille a doté l'économie française d'une industrie nouvelle: l'objet-souvenir. Son père fondateur est le patriote Palloy, entrepreneur, 20, rue des Fossés-Saint-Jacques. S'il avait pu, le patriote Palloy aurait commencé de récupérer la Bastille avant qu'elle fût tombée. Dès le 13, il fit compter ses pioches. Dès le 15, huit cents hommes étaient au travail. La Bastille reste la seule forteresse imprenable qu'on ait intégralement transformée en objets de vitrine. Des moellons sculptés en Bastille furent expédiés dans les départements. Le reste est débité en dominos, boutons, encriers, médailles et tabatières. Le 18 juillet 1790, Palloy organise, sur le chantier même de sa carrière à bibelots, le premier bal de la Bastoche avec, à l'entrée, cette formule d'avenir: «Ici l'on danse.»

Dès les années 1880, l'institutionnalisation du 14 juillet ranime ce petit commerce. Le marché du drapeau réglementaire de 150 au battant pour 125 au guindant connaît un essor prodigieux. Les trois couleurs se posent comme une neige sur les quartiers populaires. Les femmes portent des chapeaux bastille et les fillettes s'habillent en tricolore.

Avant 1914, les Français sont des citoyens. Après 1918, ils se divisent en anciens combattants, morts et agités. La fête nationale affronte la concurrence du 11 novembre et du 1er mai. On verra encore pourtant, les lendemains de victoires (1919-1945), de fameuses envolées tricolores, dignes du 14 juillet 1886, où le général Boulanger parada en dépit du mauvais temps (il tombait des rideaux).

Après 40, le 14 juillet voit se délier ses deux visages. Quatre-vingt-neuvard à Londres, il est quatre-vingt-dixard à Vichy, qui en fait une sorte de fête des morts. «Votre repos ne sera troublé ni par les agitations de la rue ni par les divertissements des spectacles», assure le Maréchal.

Consoler l'armée vaincue, fêter l'armée victorieuse, réconcilier l'armée avec elle-même, puis avec la nation, préparer l'armée à ses nouvelles tâches, lui faire oublier les anciennes, tel est désormais le job sérieux des imprésarios.

Tester la popularité des gouvernants aussi. Vincent Auriol tenait un journal. Cela permet de suivre ce qu'il retient du 14 juillet. Ce qu'il en retient, c'est sa propre cote. 1948: «Revue imposante. Vives acclamations sur les Champs-Élysées lorsque je passe devant la foule énorme.» 1949: «Foule énorme; enthousiasme et acclamations sur tout le parcours. Aucun doute qu'il y a accroissement de popularité sur l'an dernier.» 1953: «Magnifique revue. Accueil affectueux de la foule, je le voyais aux sourires, aux mouchoirs agités.»

LA FORCE DE L'ARMÉE

Sous la Cinquième, la fête devient la vitrine du domaine réservé de l'Élysée. La revue rappelle celle du 1er mai à Moscou. Dans les deux cas, elle est suivie par des messieurs impassibles, au regard de physionomistes de casino: les membres des services secrets.

Le 14 juillet, l'armée montre ce dont elle est capable. Après avoir assisté à la revue de 1939, le diplomate Wladimir d'Ormesson, membre d'une lignée de pénétrants analystes, conclut: «C'est une force qui ne menace personne. Et c'est une force qui ne craint aucune menace.» Voilà exactement ce que cherchent à montrer les présidents de la Cinquième, en même temps qu'à faire passer un certain nombre de messages en langue simple. Leur 14 juillet devient le digest des grands desseins et le paravent des petites ruses. Le défilé de 1958 compte deux mille Algériens. «Le Parisien libéré» titre: «14 juillet d'espoir et de fierté». Après on passe aux joujoux. Chaque année, l'état-major se creuse la tête pour dénicher un article jamais vu. Nous avons droit à la fusée tactique, à l'obusier de 155, à cent quatre-vingts femmes «particulièrement applaudies», à l'équipage du «Terrible», à la première femme major de l'X, «chaleureusement accueillie», et même aux économies d'énergie (1974), Giscard ayant décidé que la troupe irait à pied par les méchantes rues du quartier de la Bastille: «Ce sera l'occasion de manifester la gaîté française.»

ENFIN DU NOUVEAU?

Dans les grandes villes, hélas, le 14 juillet

se consomme à la télé alors qu'il célèbre une époque où l'on passait son temps à sortir. Zitrone vous lit ce qu'il y a d'écrit sur les drapeaux. Mais sortir, à quoi bon? Tenez, l'an dernier: la pluie une fois calmée, spectacle à Chaillot. Personne ne peut approcher, il faut être invité par le maire. Ça ne s'invente pas.

Enfin du nouveau? Attendons. L'escalade de la roche de Solutré, ce n'est pas Robespierre entraînant ses copains sur la colline en carton de l'Être suprême. À part Dassault, la législature manque encore de punch. La cérémonie du souvenir a remplacé l'industrie du même. Le régime passe son temps à se recueillir comme s'il allait l'éviter. C'est la colline inspirée. Expirez, les mecs.

Pour le 14 juillet de cette année, on a paré au plus pressé, côté symbole. Pour panser les plaies, on joue la carte de l'unité, donc de 1790. Hernu met l'accent sur l'armée du peuple. Encore une revue. Déjà en 1936, il fallait acclamer les soldats de la République. Antifascisme. Puis en 1945. Antinazisme. Là, anti-quoi?

On parle aussi d'un supertruc en 1989. «Beaubourg pourrait y tenir son rôle.» Chic, une bastille à prendre. On fera des souvenirs en Meccano.

Annotations

17 **ambigu/ë** *zweideutig* – **civique** (adj) *staatsbürgerlich*   19 **sublimer** ici: idéaliser – **l'audace** (f) le courage   21 **le pétard** *Knallfrosch*   22 **popu** populaire   24 **l'insurrection** (f) la révolte   25 **commémorer** fêter l'anniversaire de   30 **le bonnet phrygien** le bonnet rouge des révolutionnaires   31 **C.G.T.** Confédération Générale du Travail, syndicat communiste en France   32 **le laurier** *Lorbeer*   37 **digérer** ici: accepter   41 **la consécration** *Weihe*   45 **la Fête-Dieu** *Fronleichnam*   46 **laïc/-que** (adj) *weltlich*   50 **puiser** ici: trouver   51 **l'effusion** (f) un débordement (de sentiments)   60 **la République des Jules** la IIIe République (1870-1940), qui connut trois ministres prénommés Jules: Jules Simon (1814-1896), Jules Grévy (1807-1891) et Jules Ferry (1832-1893)   64 **vigoureux/-se** énergique   77 **doter** donner   82 **récupérer** sauver   84 **la pioche** *Hacke*   88 **le moellon** une petite pierre   90 **débiter** ici: couper en morceaux   94 **le bibelot** *Nippfigur*   100 **le battant** la longueur d'un drapeau – **le guindant** la hauteur d'un drapeau   101 **prodigieux/-se** extraordinaire   108 **agiter** ici: en vie   114 **en dépit de** malgré – **tomber des rideaux** pleuvoir très fort   116 **délier** détacher   131 **Auriol**, Vincent (1884-1966), homme d'État, socialiste, président de la République (1947-1954) – **le journal** ici: *Tagebuch*   133 **la cote** la popularité   144 **la Cinquième** la Ve République (depuis 1958)   148 **impassible** (adj) calme – **le physionomiste** quelqu'un qui juge une personne d'après son visage   154 **la lignée** la descendance – **pénétrant/e** clairvoyant   162 **le digest** le résumé – **le dessein** le projet   163 **le paravent** ici: le masque – **la ruse** *List*   168 **dénicher** découvrir   170 **l'obusier** (m) *Haubitze*   172 «**le Terrible**» nom d'un soumarin de l'armée française   173 **major** ici: le/la meilleur/e d'un concours d'une Grande École – **l'X** l'École Polytechnique   184 **Zitrone**, Léon (1914) présentateur très populaire d'émissions sportives   187 **Chaillot** un palais construit en 1937 à l'emplacement de l'ancien Trocadéro dans lequel se trouve un théâtre   190 **l'escalade** (f) du verbe escalader (monter sur une montagne)   191 **la roche de Solutré** en Saône-et-Loire au pied de laquelle se trouve un site préhistorique; lieu de promenade de François Mitterrand   194 **Dassault**, Marcel (1892-1986), fabricant d'avions. Plusieurs fois député à l'Assemblée Nationale   195 **le punch** le dynamisme   198 **la Colline inspirée** un roman patriotique de Maurice Barrès (1913). Le titre fait allusion à la colline de Sion-Vaudemart en Lorraine, sur laquelle se trouve un monastère – **inspirer/expirer** *einatmen/ausatmen, sterben*   199 **le mec** (pop) un homme   200 **parer** embellir d'ornements   201 **panser** *versorgen (eine Wunde)*   202 **la plaie** *Wunde*   203 **Hernu**, Charles, ministre de la Défense sous la présidence de Mitterrand (1981-1985)   211 **Meccano** un jeu de construction métallique

Sujets d'étude

I Compréhension
  1. Quelles sont les deux versions du 14 juillet qui existent en France?
  2. Quels sont les mythes/les différentes formes dans lesquelles se sont présentées au cours de l'histoire française les diverses commémorations du 14 juillet?

II Analyse
  1. Montrez dans le texte comment Schifres apporte la preuve de sa thèse initiale: «Les mythes simplifient l'Histoire.»
  2. De quel genre de texte s'agit-il? Relevez-en les éléments stylistiques principaux.

III Discussion
  Quelle est l'attitude de l'auteur envers la fête commémorative du 14 juillet?

23. Bernard Dadié: Un nègre à Paris (1959)

Dans son livre UN NÈGRE À PARIS *(1959), Bernard Dadié, écrivain de la Côte d'Ivoire né en 1916, retrace les impressions de son premier voyage à Paris en 1956. Écrit sous forme d'une longue lettre autobiographique adressée par le personnage fictif du livre, Tanhoé Bertin, à un ami en Afrique, ce livre jette un regard extérieur sur la capitale de la France et ses habitants, sur les monuments et les places de Paris, ainsi que sur les événements historiques qu'ils évoquent. Ce n'est pas un hasard si la première promenade de l'Africain Tanhoé Bertin alias Bernard Dadié le mène justement à la Place de la Bastille qui lui évoque le souvenir du 14 juillet 1789 et de la Prise de la Bastille par le peuple de Paris.*

C'est le 14 juillet aujourd'hui, la fête la plus aimée du Parisien. Elle commémore la prise d'une prison nommée la Bastille. Si les gens sont tous d'accord pour célébrer cette fête, ils ne le sont plus lorsqu'il s'agit de raconter comment les événements s'étaient passés aux temps de leurs ancêtres. Il y a tant de versions qu'on ne sait que croire; or comme ils sont tous Parisiens et qu'ils racontent tous leur histoire, il faut donner à chacun l'impression que c'est lui qui dit vrai. Savoir écouter est ici aussi une politesse. Ils conviennent tous qu'elle a été construite en plusieurs années et comportait des cachots pleins de rats et de crapauds.

Quant à sa destruction, les uns disent que le peuple ce jour-là, marcha résolument contre ce bâtiment qui depuis quatre cents ans représentait la puissance royale. Les gens à force de voir plus souvent le visage de la Bastille que celui du Roi conçurent pour ce dernier une haine de pierre. Il y avait de quoi. Sans relation aucune entre les hommes, un fossé qui se creuse. Et le Roi ayant mis entre lui et son peuple le visage de sa Bastille, les hommes ne le lui pardonnèrent jamais. Les autres par contre soutiennent que l'événement a été fortuit et non prémédité, calculé. Le peuple cherchant des armes se rendit à la Bastille qui lui serait tombée dans les bras. Les héros effrayés de leur prouesse se seraient cloîtrés quelque temps chez eux. Tant de contradictions, de versions, me redonnent confiance en moi-même; cela prouve que malgré leurs papiers, leur mémoire a des faiblesses. Cela démontre surtout que comme nous, chacun présente une histoire selon son optique, son milieu. Et c'est ainsi qu'un événement auquel ont assisté quatre personnes est relaté de quatre façons différentes. Même ici. Des hommes. Un fait toutefois demeure, la Bastille a été prise. Sur ce point, ils sont d'accord, si d'accord qu'ils mettraient tous volontiers leur main au feu. Et depuis ce jour le Parisien fête sa liberté recouvrée. Voulant toujours servir d'exemple, il aime qu'on assiste à son 14 juillet, il veut qu'on sache qu'il a été lui aussi la chose de ses rois et qu'à force de patience, de labeur, d'efforts il s'est retrouvé. Ayant redonné au monde la notion de la liberté individuelle, le respect de la personne humaine, il voudrait qu'on s'en souvienne. Et c'est avec raison; car prend-on une Bastille tous les jours?

Annotations

22 **commémorer** rappeler le souvenir de   35 **le cachot** la pièce dans laquelle on enferme un prisonnier
36 **le crapaud** *Kröte*   37 **quant à** en ce qui concerne   38 **résolument** fermement   42 **concevoir** ici: former
50 **fortuit/e** imprévu – **préméditer** décider après réflexion   53 **la prouesse** *Heldentat*   69 **recouvrer** retrouver   73 **le labeur** le travail

Sujets d'étude

I COMPRÉHENSION
1. Quelles sont les deux versions des événements de la Prise de la Bastille que les Parisiens racontent?
2. Sur quel point ces opinions contradictoires s'accordent-elles?

II ANALYSE
1. Relevez les éléments du texte qui désignent la distance de l'étranger vis-à-vis de la fête du 14 juillet.
2. Quelle est l'attitude de Dadié envers les Parisiens qui font circuler des récits contradictoires sur la Prise de la Bastille?
3. Quelle est, selon l'auteur, la signification de la Prise de la Bastille?

III DISCUSSION
Quelle est selon vous la signification d'une fête nationale en général et du 14 juillet en particulier?

24. Maurice Agulhon: Oui, 1789 devrait faire l'unanimité des libéraux et des démocrates (Interview 1987)

L'interview suivante de l'historien Maurice Agulhon parue dans le journal hebdomadaire l'ÉVÉNEMENT DU JEUDI s'inscrit dans une vive controverse autour de la Révolution française, sa place historique et son évaluation, qui a résurgi de nouveau à l'approche du Bicentenaire (le deux-centième anniversaire) de 1789. Maurice Agulhon, Professeur d'histoire au Collège de France et auteur notamment d'un ouvrage sur la symbolique républicaine (MARIANNE AU COMBAT, 1979), tente d'occuper ici un rôle de médiateur entre la tradition marxiste d'interprétation de la Révolution française et une nouvelle tendance conservatrice représentée, au sein des débats actuels sur l'époque révolutionnaire, notamment par l'historien Pierre Chaunu.

Question: *Dans le grand débat engagé autour de 1789, il y a d'abord une question majeure: la France pouvait-elle faire l'économie de la Révolution?*

MAURICE AGULHON: Les historiens s'efforcent d'expliquer ce qui a été, pas ce qui aurait pu être. Mais jouons le jeu tout de même. D'autres pays en effet – essentiellement l'Angleterre – sont parvenus à un régime libéral, démocratique, sans révolution comparable à la nôtre. Un Louis XVI plus intelligent, plus lucide aurait peut-être réussi ce que la monarchie britannique a réalisé. Mais il faut bien respecter les faits: après avoir accepté quelques réformes humanitaires, le roi et son entourage ont buté sur l'essentiel. En gros l'abolition des privilèges et la reconnaissance de la souveraineté populaire. Dès la fin de 1789, Louis XVI a donné au mieux l'impression d'une grande maladresse, au pire le sentiment d'un double jeu. En d'autres termes, la coterie dominante a refusé l'évolution que réclamait l'opinion éclairée. Tel est bien le point de départ des péripéties complexes au travers desquelles la Révolution s'est radicalisée. Tout cela, des universitaires très modérés comme Lavisse l'ont déjà longuement expliqué. Ce n'est donc pas spécialement novateur. C'est peut-être utile.

Faut-il donc, comme le réclamait Clémenceau, considérer que la Révolution est «un bloc»?

– Oui et non. Oui, si l'on considère que c'est la même dynamique, avec son enchaînement de réactions et de contre-réactions (dont la guerre extérieure n'est pas la moindre), qui va de 1789 à 1793 et au-delà. Non, si l'on entre dans une analyse idéologique plus fouillée, car alors on peut distinguer une révolution libérale de 1789 à 1792, puis une révolution plus populaire et bientôt à caractère terroriste de 1792 à 1794. Mais il faut tout de même rappeler ce qui est en cause. C'est la commémoration de 1789 – dont personne, en France, ne conteste les principes majeurs ni la Déclaration des Droits

– qui se prépare actuellement. Ce n'est pas celle de 1793 que personne – et pas moi en tout cas – ne se propose de célébrer. 1793 est et sera l'objet d'un débat sur les responsabilités de la Terreur, débat complexe et probablement sans fin. Les uns, et j'en suis, pensent que les responsabilités de la violence incombent d'abord à la résistance contre-révolutionnaire. D'autres jugent que la Terreur était latente dans la philosophie des Lumières.

Pour vous, c'est clair: Rousseau n'annonçait pas Robespierre?

– Je pense que, s'il avait été possible de mener en France une révolution à l'anglaise, Robespierre ne serait jamais arrivé au pouvoir. La dictature est intervenue après quatre ans de troubles et un an de guerre, processus violent enclenché par la contre-révolution. Les hommes de 1789 avaient lu Rousseau, mais ils ne demandaient pas la tête du roi, ils n'étaient même pas tous d'accord pour le suffrage universel! Ils réclamaient des concessions. La fête de la Fédération du 14 juillet 1790 a bien montré ce caractère conciliateur, modéré. Il y a, bien sûr, des idéologies dangereuses mais elles font sentir leur effet dans des contextes particuliers. On ne peut pas faire abstraction des circonstances, de ces affrontements, à l'intérieur comme à l'extérieur, que les hommes de 1789 n'avaient pas du tout souhaités. Peut-on faire entrevoir cela par un exemple actuel, heureusement beaucoup moins grave? Officiellement, les gens de gauche refusent les juridictions spéciales. Mais ils n'ont pas beaucoup protesté, voilà quelques mois, quand le Parlement a décidé que les affaires de terrorisme seraient désormais jugées sans jurés populaires par des magistrats professionnels! C'est bien pourtant un petit pas vers les juridictions d'exception et, si l'on veut, vers le «jacobinisme». Mais les circonstances sont ce qu'elles sont: les jurés populaires se sont dérobés et on ne peut pas laisser Action Directe impunie. Ce qui ne veut pas dire qu'il faille toujours et partout des juridictions spéciales.

Selon vous, la Révolution française s'est-elle rendue coupable d'un «génocide» en Vendée, génocide que, par la suite, les historiens auraient occulté?

– J'ai moi-même écrit que, si je récusais le mot de «génocide», je reconnaissais qu'il y avait eu des Oradour. Mais je conteste qu'on les ait occultés. (. . .) Cela dit, les livres d'histoire ont toujours des accentuations différentes. Le Malet-Isaac, qui était le manuel le plus en usage dans les lycées, mettait indéniablement l'accent sur les défauts ou les crimes de l'Ancien Régime et ne s'appesantissait pas trop sur les cruautés de la Révolution. Mais j'ai l'impression qu'aujourd'hui on offre à l'opinion une tendance inverse et nettement plus déséquilibrée. Tout change, du reste, et il est presque neuf que l'on s'apitoie sur les victimes populaires de la Terreur: la littérature contre-révolutionnaire du XIXe siècle parlait davantage du sort malheureux du roi, de la reine et du dauphin que de celui des paysans. Aujourd'hui sa pitié s'est, en somme, démocratisée.
Est-il paradoxal de voir, même là, un effet de l'esprit de 1789? C'est un problème grave: les siècles d'Ancien Régime étaient des siècles durs pour la sensibilité d'aujourd'hui. Or, de qui tenons-nous cette sensibilité? De la Révolution ou de la contre-révolution? Voyez le monde: où y a-t-il le plus de barbarie? Dans les pays qui se réclament de l'idée des droits de l'homme ou dans ceux qui les récusent? La réponse est évidente. Et voyez en France même: qui a finalement aboli la peine de mort? Il a fallu, pour l'obtenir en 1981, la victoire de la gauche. C'est-à-dire, précisément, du camp qui déclare respecter la Révolution française. Concluez.

À quoi attribuez-vous toutes ces polémiques actuelles sur 1789 et la Révolution?

– J'essaie de comprendre, car la situation est paradoxale. En France, d'un bout à l'autre de l'éventail politique, tout le monde s'exclame: «Vive l'État de droit! Vive la Déclaration des Droits de l'Homme», bref, il y a unanimité pour vivre dans le système de 1789, mais divergences pour célébrer 1789! Je pense qu'au sein de la droite, certains imaginent qu'une commémoration de 1789 entraînerait une valorisation de 1793, et, par voie de conséquence une sorte de légitimation du bolchevisme. Mais cette crainte me paraît vaine: si la France entière célébrait 1789, ceux qui voudraient tirer la célébration dans un sens léniniste y seraient évidemment minoritaires! Pourquoi n'y aurait-il pas une réconciliation autour du souvenir de 1789? Pour ma part, je ne souhaite pas qu'on fasse du bicentenaire l'occasion d'une revanche de la gauche sur la droite. Mais celle de la réaffirmation commune de notre culture politique civilisée.

Marchais, Mitterrand, Chirac et Le Pen côte à côte?

– Je n'entreprendrai pas de discuter sur Le Pen, je connais mal ses textes. Pour ce qui est du PCF, depuis sa création, il ne cesse d'osciller entre deux stratégies, celle de l'intégration républicaine et celle de la pure lutte des classes. Savoir sur quelle ligne il se situera d'ici à deux ans dépasse mes compétences... Mais il me semble que les radicaux, les socialistes et les partis actuellement au pouvoir ont un certain nombre de principes en commun, ceux de 1789 précisément. La vie courante fournit assez d'occasions de divergences pour que, de temps en temps, on puisse tout de même s'offrir un rappel des bases communes. Les rares déclarations du Premier ministre *(Chirac au moment de l'interview)* sur le sujet ne me semblent pas contredire cette perspective. Quant à ceux qui veulent «en finir avec 1789», s'ils souhaitent revenir à la religion d'État, aux privilèges de naissance, aux législations différentes selon chaque province, etc., c'est leur affaire. Cette extrême droite intellectuelle n'est sans doute pas très nombreuse et le gouvernement actuel devrait pouvoir s'en dissocier. Mais ce n'est qu'un avis personnel.

Propos recueillis
par Patrice Lestrohan

1 Louis Pauwels a ouvert tapageusement le débat sur la commémoration de la Révolution par un dossier du FIGARO-MAGAZINE intitulé «Pour en finir avec 1789».

Annotations

26 **majeur/e** principal/e   35 **lucide** (adj) clairvoyant/e   40 **buter** *stolpern*   43 **au mieux** ici: en jugeant l'événement de la façon la plus favorable   44 **au pire** ici: en jugeant l'événement de la façon la plus défavorable   46 **la coterie** le clan   48 **la péripétie** un événement imprévu   53 **novateur/-trice** original/e (-aux)   64 **fouillé/e** approfondi/e   69 **être en cause** être l'objet d'un débat   70 **la commémoration** une cérémonie faite en souvenir d'un événement important   80 **incomber à** en être responsable   89 **intervenir** entrer en jeu   91 **enclencher** ici: prendre son commencement dans   95 **le suffrage universel** le droit de vote pour tous les citoyens   98 **conciliateur/-trice** *vermittelnd*   102 **faire abstraction de:** ne pas tenir compte de   106 **entrevoir** ici: *andeuten*   122 **une juridiction spéciale** une loi qui ne s'applique pas à tout le monde (p.ex. une loi particulière pour les terroristes)   125 **le génocide** le meurtre de tout un peuple – **Vendée** région au sud de la Bretagne, très royaliste pendant la Révolution   126 **occulter** essayer de cacher   **récuser** ne pas admettre   129 **Oradour-sur-Glane** village en Haute-Vienne où la population entière fut massacrée par les nazis, le 10 juin 1944   134 **indéniablement** certainement   136 **s'appesantir** insister   141 **s'apitoyer** montrer de la pitié pour   144 **le sort** le destin   145 **le dauphin** titre du futur roi   170 **l'éventail** (m) *das (politische) Spektrum*   171 **s'exclamer** s'écrier   173 **l'unanimité** (f) *Einstimmigkeit*   174 **la divergence** la différence   178 **la valorisation** donner de la valeur à un objet   181 **vain/e** sans fondement   192 **côte à côte** l'un à côté de l'autre   196 **osciller** balancer   219 **dissocier** prendre ses distances   223 **tapageusement** *stürmisch*

Sujets d'étude

I COMPRÉHENSION
1. Expliquez le sens de la question du journal l'Événement du Jeudi: «La France pouvait-elle faire l'économie de la Révolution?»
2. Que signifie l'expression «la Révolution est «un bloc»»?
3. Quels sont les éléments du débat ouvert deux ans avant le bicentenaire de la Grande Révolution?
4. Résumez avec vos propres mots chaque réponse de M. Agulhon.

II ANALYSE
1. Quelle est l'opinion de M. Agulhon sur le caractère de la Révolution française et quel jugement actuel souhaite-t-il voir porter sur elle?
2. À travers la forme de l'interview le lecteur est pour ainsi dire mis en présence de l'opinion de M. Agulhon. Quel est l'effet de cette forme textuelle?

III DISCUSSION
1. Dressez une liste de questions pour une interview portant sur la Grande Révolution en vous servant des textes de ce dossier et interviewez ensuite un de vos camarades.
2. Transcrivez les interviews pour en discuter en classe.

GLOSSAIRE

ANCIEN RÉGIME: l'ordre social et politique de la France avant la Révolution française.

BASTILLE: forteresse royale, construite au XVe siècle, qui servit de prison d'État pendant l'ANCIEN RÉGIME*. Pratiquement inutilisée en 1789, où elle ne renfermait que sept prisonniers et 110 soldats de garde, elle demeura néanmoins pour le peuple de Paris le symbole d'une institution despotique. Sa prise d'assaut le 14 juillet 1789 et sa destruction consécutive représentèrent, aux yeux des contemporains, le triomphe du peuple sur la tyrannie.

CAHIERS DE DOLÉANCES: cahiers dans lesquels la population du Royaume de France exprimait, avant la réunion des ÉTATS GÉNÉRAUX* en 1789, ses revendications et demandait des réformes. Rédigés en général par des notables locaux suite aux discussions des assemblées primaires (assemblées dans lesquelles se réunit la population pour les élections), ces cahiers furent donnés au député concerné qui devait les considérer, en principe, comme un «mandat impératif».

COMITÉ DE SALUT PUBLIC: institution exerçant le pouvoir exécutif en France pendant la CONVENTION, créé le 6 avril 1793. Composé de 9, puis de 12 membres, et dirigé d'abord par Danton, ensuite par Robespierre, le ~ exerça un pouvoir quasi dictatorial pendant la TERREUR.

CONSTITUANTE: nom donné à l'Assemblée Nationale Constituante dont l'existence fut proclamée le 17 juin 1789 et qui fut dissoute le 30 septembre 1791 après que ses membres aient voté une nouvelle constitution pour le Royaume de France. Par extension, on désigne par ~ également les années 1789 à 1791, c'est-à-dire la première phase de la Révolution française.

CONVENTION: nom donné à l'Assemblée Nationale après la destitution du roi Louis XVI et l'abolition de la monarchie, le 10 août 1792. Corps législatif des premières années de la Première République Française, la ~ désigne également, par extension, la seconde phase de la Révolution française, c'est-à-dire les années 1792 à 1795.

DIRECTOIRE: pouvoir exécutif de la France entre octobre 1795 et novembre 1799, réunissant un comité de cinq directeurs élus par le Conseil des Cinq-Cents et le Conseil des Anciens qui formaient, dans la nouvelle constitution de 1795, le pouvoir législatif. Par extension, ~ désigne également le régime de la France entre 1795 et 1799.

DROITS FÉODAUX (ou droits seigneuriaux): l'ensemble des sommes d'argent, des nourritures et du travail que le paysan devait donner au seigneur, dans le régime féodal créé au Moyen Âge. Les ~ furent officiellement abolis par l'Assemblée Nationale le 4 août 1789.

ÉTATS GÉNÉRAUX: l'assemblée représentative des trois «ordres» (ou «états») qui composaient la société française de l'ANCIEN RÉGIME, c'est-à-dire le Clergé, la Noblesse et le TIERS ÉTAT. Les 1154 députés convoqués à Versailles le 5 mai 1789 par le Roi Louis XVI pour voter surtout des réformes fiscales, se proclamèrent, le 20 juin 1789, «Assemblée Nationale Constituante». Les députés décidèrent alors, dans leur grande majorité, de ne pas se séparer avant d'avoir donné une nouvelle constitution à la France.

GIRONDINS: groupe politique à l'intérieur de l'Assemblée Nationale Législative depuis 1791, essentiellement composé de députés venant de la région de la Gironde (sud-ouest de la France). Face aux MONTAGNARDS qui furent centralisateurs et plébéiens, les ~ représentèrent surtout les intérêts de la bourgeoisie libérale de province. Après l'arrestation de ses leaders (Brissot, Vergniaud, Roland) et leur exécution par la guillotine, le 31 octobre 1793, le groupe des ~ disparut de la scène politique.

JACOBINS: nom populaire donné au plus influent groupe politique de la Révolution, la «Société des Amis de la Constitution», d'après le nom de leur principale salle de réunions dans l'ancien Couvent des Jacobins, rue Saint-Honoré à Paris. Le club compta, outre l'important club parisien (1200 membres), plus de 1000 dépendances en province. Après le départ des députés GIRONDINS* en automne 1792, le club se radicalisa, notamment sous l'influence de Maximilien Robespierre, et fut dominé par les MONTAGNARDS*. Suite à la chute de Robespierre, le club des ~ fut frappé d'interdiction le 12 novembre 1794.

MONTAGNARDS: groupe politique (peu homogène dans l'ensemble) à la CONVENTION* qui siégeait à gauche sur les bancs les plus élevés de l'assemblée (d'où leur nom). Dominés par Danton, Marat et Robespierre, les ~ furent politiquement le courant le plus radical des années 1793 à 1794. Ils appuyèrent à la CONVENTION le gouvernement centralisateur créé sous la TERREUR par le COMITÉ DE SALUT PUBLIC.

SANS-CULOTTES: terme utilisé depuis 1792 pour désigner les habitants de Paris qui soutenaient les députés MONTAGNARDS*. Socialement, les ~ appartenaient surtout à la classe des artisans et ouvriers. Politiquement, ils s'engageaient notamment pour la redistribution égalitaire des fortunes et des propriétés. Le terme ~ vient du vêtement typique de l'artisan de l'époque qui portait non pas la «culotte» des aristocrates (avec des bas de soie allant jusqu'au genou), mais un pantalon long.

TERREUR: terme utilisé pour désigner l'exercice du pouvoir par le COMITÉ DE SALUT PUBLIC et la CONVENTION NATIONALE, de juin 1793 à juillet 1794 qui eurent surtout recours à des institutions comme la guillotine, les agents secrets de surveillance et le TRIBUNAL RÉVOLUTIONNAIRE pour lutter contre la menace intérieure et extérieure. Par extension, ~ désigne également cette période (extrêmement controversée) de la Révolution française.

TIERS ÉTAT: l'ensemble de la population de la France d'ANCIEN RÉGIME* ne faisant pas partie du clergé (= premier état) et de la noblesse (= second état). Le ~ fut représenté par les députés du ~ généralement issus de la bourgeoisie. Ceux-ci décidèrent, le 17 juin 1789, de former une Assemblée Nationale et furent soutenus dans cet acte proprement révolutionnaire par un certain nombre de députés progressistes du clergé et de la noblesse.

TRIBUNAL RÉVOLUTIONNAIRE: tribunal d'exception créé en France, entre le 10 mars 1793 et le 31 mai 1795, pour juger les crimes contre la Nation, la sûreté de l'État et les principes fondamentaux de la Révolution (Liberté, Égalité). Composé de 12 juges et d'un accusateur public, le ~ prononça des jugements qui devaient être immédiatement exécutés. Le ~ suprême de Paris jugea par exemple 5343 personnes pendant la TERREUR* dont 2747 furent condamnées à mort et exécutées sur la guillotine.

* Les termes soulignés sont expliqués dans ce glossaire.

Notices biographiques supplémentaires

AGULHON, MAURICE, né en 1926 à Uzès, actuellement Professeur d'Histoire au Collège de France, spécialiste de l'histoire française des 18e, 19e et 20e siècles. A consacré un important ouvrage (intitulé MARIANNE AU COMBAT, paru en 1979) aux symboles républicains dans la France contemporaine.

BAUDELAIRE, CHARLES (1821-1867), poète et critique d'art (L'ART ROMANTIQUE, LES SALONS). Son recueil de poèmes le plus connu, LES FLEURS DU MAL, classique dans la forme (sonnet et autres poèmes à forme fixe), romantique dans ses thèmes (célébration de la beauté, du poète maudit, fascination du mal et de la drogue) inaugure néanmoins un symbolisme nouveau. Dans ses PETITS POÈMES EN PROSE il se détache également de la forme poétique classique.

BEFFROY DE REIGNY, Louis-Abel (1757-1811), auteur dramatique de second ordre. Il publia sous le pseudonyme de COUSIN JACQUES diverses comédies pendant la Révolution. Il obtint une certaine renommée par son DICTIONNAIRE NÉOLOGIQUE DES HOMMES ET DES CHOSES DE LA RÉVOLUTION (1797).

BONAPARTE, LUCIEN (1775-1840), frère de Napoléon Bonaparte, président des Cinq-Cents et Ministre de l'Intérieur sous le Consulat de Napoléon; il se brouilla avec son frère.

CÉSAIRE, AIMÉ (1913), écrivain et homme politique, né à la Martinique. Son œuvre littéraire met au centre la culture négro-africaine et les problèmes du colonialisme. Césaire cherche en même temps à se libérer des formes de la culture occidentale et à trouver une identité propre à la population noire de son pays.

DADIÉ, BERNARD BINLIN, né en 1916 dans l'actuelle Côte d'Ivoire, écrivain, journaliste et homme de théâtre, il lutta pendant la colonisation française pour l'autonomie, puis l'indépendance de son pays. Comme homme politique, il occupa entre autre, de 1977 à 1986, le poste de Ministre des Affaires Culturelles de la Côte d'Ivoire.

DIDEROT, DENIS (1713-1784), né à Langres en Bourgogne, fils d'un maître coutelier, éditeur, avec D'ALEMBERT, de la grande ENCYCLOPÉDIE; ses textes les plus radicaux ne furent publiés que sous l'anonymat (comme son ADRESSE À LOUIS XVI) ou après sa mort (tels LA RELIGIEUSE ou LE NEVEU DE RAMEAU).

FRANCE, ANATOLE (1844-1924), écrivain, auteur de romans historiques, pleins d'ironie et de scepticisme, comme par exemple LE CRIME DE SYLVESTRE BONNARD (1881) et LES DIEUX ONT SOIF (1912). Il reçut le Prix Nobel en 1921.

HUGO, VICTOR (1802-1885), écrivain, auteur d'une œuvre immense qui comprend tous les genres et tous les registres: poèmes, pièces de théâtre, romans, essais. D'abord poète classique dans ses ODES (1822), il devint avec son drame HERNANI (1830) le chef du romantisme. Il publia divers romans historiques – NOTRE-DAME DE PARIS (1831), QUATREVINGT-TREIZE (1874) – ainsi qu'un roman où il retrace les principaux événements de son siècle à travers le regard de petites gens, LES MISÉRABLES (1862). Dans les années 1840 il se consacra à la politique et fut élu député en 1848. Exilé en Angleterre par Napoléon III, il ne revint en France qu'en 1870. Il eut des funérailles nationales à sa mort et repose au Panthéon.

JAURÈS, JEAN (1859-1914), homme politique. Auteur d'une HISTOIRE SOCIALISTE et l'un des chefs de file du socialisme français, Jaurès se trouva plusieurs fois en conflit avec la faction marxiste des socialistes français. En 1904, il fonda l'HUMANITÉ, un journal qui existe encore aujourd'hui en tant qu'organe du Parti Communiste Français. Pacifiste, il fut assassiné par un fanatique à la veille de la Première Guerre mondiale.

RENAN, ERNEST (1823-1892), écrivain et historien des religions, Professeur au Collège de France et membre de l'Académie française, il écrivit LA VIE DE JÉSUS (1863) où il présente une analyse historique de sa biographie ce qui lui valut la disgrâce de l'Église et du gouvernement.

ROBESPIERRE, MAXIMILIEN DE (1758-1794), avocat et homme politique, est une des grandes figures de la Révolution. Élu en 1789 député du Tiers, il devint l'animateur du Club des Jacobins. Profondément inspiré dans son idéal politique par J.-J. Rousseau, on le surnomma l'«Incorruptible». Député à la Convention, il combattit des Girondins et obtint leur élimination. Les difficultés économiques et sociales augmentant constamment, Robespierre instaura un pouvoir dictatorial fondé sur la «vertu» et la «terreur», éliminant peu à peu tous ses opposants, dont Danton. Il fut renversé le 9 thermidor an II (27. 7. 1794) et guillotiné.

ROLLAND, ROMAIN (1866-1944), écrivain. Pendant la Première Guerre mondiale, réfugié en Suisse, il écrit AU-DESSUS DE LA MÊLÉE (1915), un appel à la paix qui souleva une forte indignation en Allemagne et en France. Il a laissé des drames (DANTON, LE 14-JUILLET), des biographies d'artistes (BEETHOVEN, MICHEL-ANGE, HÆNDEL, TOLSTOÏ) et des romans. Son chef-d'œuvre est le «roman-fleuve» JEAN-CHRISTOPHE (1904-1912), l'histoire d'un musicien génial dont les rêves et expériences sont communiqués dans la perspective du personnage central. Romain Rolland reçut le Prix Nobel en 1915.

SIEYÈS, EMMANUEL JOSEPH (1748-1836), abbé et homme politique. Député du Tiers aux États Genéraux, Sieyès rédige un pamphlet «Qu'est-ce que le Tiers État» considéré comme la charte politique du Tiers État, ainsi que le serment de JEU DE PAUME (20 juin 1789) par lequel les députés du Tiers jurèrent de donner une constitution à la France. Député à la Convention (1792) et partisan d'une monarchie constitutionelle, Sieyès vota néanmoins pour la mort du roi. Il joua un certain rôle dans le Coup d'État en faveur de Bonaparte.

STAËL, GERMAINE NECKER, baronne de Staël-Holstein, dite Mme de Staël (1766-1817), femme de lettres, fille du financier et ministre des finances de Louis XVI, Jacques Necker. Elle tenait un salon littéraire et politique ouvert aux différentes tendances politiques. Outre deux romans (DELPHINE, CORINNE ou L'ITALIE) elle publia des écrits théoriques (DE LA LITTÉRATURE, DE L'ALLEMAGNE) et eut une grande influence sur le développement du romantisme français. Exilée par Napoléon 1er en 1803, elle voyagea dans toute l'Europe.

TOCQUEVILLE, ALEXIS-CHARLES-HENRI-MAURICE CHÉREL DE (1805-1859), écrivain et homme politique. S'étant rendu aux États-Unis pour y étudier le système pénitentiaire, il rédigea à son retour un ouvrage politique important DE LA DÉMOCRATIE EN AMÉRIQUE (1835-40). En 1849, il fut pour quelques mois Ministre des Affaires Étrangères.

TRIOLET, ELSA (1896-1970), née à Moscou, amie de Maïakovski et de Maxim Gorki, installée en France à partir de 1920 après un premier mariage, elle devint l'épouse de l'écrivain Louis Aragon qu'elle rencontra à Paris en 1928. Ayant participé à la Résistance, son œuvre littéraire de l'après-guerre reste imprégnée de l'expérience du militantisme politique. Elle reçut en 1945 le Prix Goncourt pour son recueil de nouvelles LE PREMIER ACCROC COÛTE DEUX CENTS FRANCS. Elle avait écrit ses premiers ouvrages littéraires en russe, pendant les années vingt, et s'est également fait connaître par de nombreuses traductions du russe, e. a. du théâtre de Tchekhov.

VOLTAIRE, pseudonyme pour François-Marie Arouet (1694-1778), philosophe, journaliste, homme de théâtre et nouvelliste, il compte avec Montesquieu, Rousseau et Diderot parmi les quatre grands hommes de lettres du «Siècle des Lumières» («Aufklärungszeitalter»). L'Assemblée Nationale le considéra comme un des «Pères de la Révolution française» et décida en 1791 de transférer ses cendres au nouveau Panthéon National.

Bibliographie sélective

Klaus Bahners: «Partons de moins loin. Parlons de la Révolution.» Die Revolution von 1789 im Französischunterricht der Sekundarstufen I und II. Dans: Der Fremdsprachliche Unterricht, Heft 78, Jg. 20, Mai 1986, p. 106-116.

Pierre Chaunu: Le choix de l'Universel: la Révolution singulière. Dans: Chaunu, La France. Histoire de la sensibilité des Français à la France. Paris, Laffont, 1982 (Coll. Pluriel), p. 364-385. Position conservatrice sur la Révolution française et ses acquis.

François Furet/Denis Richet: La Révolution française. Paris, Fayard, 1973 (réédition en poche, en français, et en allemand chez Fischer Taschenbuchverlag, Frankfurt/M.). Bonne introduction à l'histoire de la Révolution; distingue également entre les «trois Révolutions» du parlement, de la rue et des paysans.

Alice Gérard: La Révolution française, mythes et interprétations, 1789-1970. Paris, Flammarion, 1970 (Questions d'Histoire). Livre de poche bon marché qui fournit des informations succinctes notamment sur les interprétations de la Révolution dans l'historiographie du XIXe siècle (Tocqueville, Jaurès, Renan).

Hans-Ulrich Gumbrecht: Skizze einer Literaturgeschichte der Französischen Revolution. Dans: Jürgen von Stackelberg: Europäische Aufklärung III. Wiesbaden, Athenäum, 1980, p. 267-328.

Hans-Ulrich Gumbrecht/Brigitte Schlieben-Lange (éds.): Sprache und Literatur in der Französischen Revolution. Numéro thématique de la «Zeitschrift für Literaturwissenschaft und Linguistik», Heft 41, 1981. Différents articles sur la littérature et la politique de la langue pendant la Révolution française, bonne bibliographie sur le sujet.

Reinhart Koselleck/Rolf Reichardt (éd.): Die Französische Revolution als Bruch des gesellschaftlichen Bewußtseins. München, Oldenbourg-Verlag, 1988 (Reihe Ancien, Aufklärung und Revolution). L'histoire littéraire de la Révolution française est notamment traitée dans les contributions de L. Andries (sur les almanachs), de Lüsebrink (sur les écrits des «Vainqueurs de la Bastille»), de Guilhaumou, de Roche (sur les autobiographies) et de Nies (sur les genres dominants).

Rolf Reichardt: Bevölkerung und Gesellschaft Frankreichs im 18. Jahrhundert. Neue Wege der Forschung 1950-1976. Dans: Zeitschrift für Historische Forschung, 4, 1977, p. 154-221. Introduction très claire et documentée à l'histoire sociale et économique de la France au 18e siècle. Excellent complément à la lecture d'une des histoires de la Révolution (Furet/Richet, Soboul ou Reichardt).

Rolf Reichardt: Die moderne Revolution (II): Die Französische Revolution. Dans: Funk-Kolleg Geschichte. Ed. par Werner Conze, Karl-Georg Faber et August Nitschke. Frankfurt/M., Fischer Taschenbuchverlag, 1981, p. 157-181.

Eberhard Schmitt: Einführung in die Geschichte der Französischen Revolution. München, Beck, 1976 (Beck'sche Elementarbücher). Introduction aux différentes interprétations de la Révolution française dans l'historiographie, avec une bonne bibliographie.